行走的“食”光

九年旅行路，不同行与食

在旅行的路上，

放飞自我，

留下一段属于自己的行走的“食”光……

秦隆 著

中国经济出版社
CHINA ECONOMIC PUBLISHING HOUSE
·北京·

图书在版编目（CIP）数据

行走的“食”光：九年旅行路，不同行与食/秦隆著．--北京：中国经济出版社，2021.9

ISBN 978－7－5136－6538－4

Ⅰ.①行… Ⅱ.①秦… Ⅲ.①游记－作品集－中国－当代 Ⅳ.①I267.4

中国版本图书馆 CIP 数据核字（2021）第 136272 号

责任编辑　孙晓霞
责任印制　马小宾
封面设计　任燕飞设计工作室

出版发行　中国经济出版社
印 刷 者　北京富泰印刷有限责任公司
经 销 者　各地新华书店
开　　本　710mm×1000mm　1/16
印　　张　18.5
字　　数　256 千字
版　　次　2021 年 9 月第 1 版
印　　次　2021 年 9 月第 1 次
定　　价　59.00 元
广告经营许可证　京西工商广字第 8179 号

中国经济出版社 **网址** www.economyph.com **社址** 北京市东城区安定门外大街 58 号 **邮编** 100011
本版图书如存在印装质量问题，请与本社销售中心联系调换（联系电话：010－57512564）

序言 Preface

秦隆毕业于北京联合大学旅游学院，是我校最优秀的学生之一，也是我看着成长起来的好学生。在校期间，他学习的专业是旅游英语，获得了英语专业八级证书，具有良好的语言水平。毕业后一直从事与旅游、会展等行业相关的接待工作。由于扎实的语言功底，加之刻苦钻研、勤于创新，所以他不仅在工作中取得了较好的成绩，还总结出了一些宝贵的旅行经验。

近十年的外事接待工作，让他能说一口流利的英语，同时也使他有机会走遍国内近七十个城市，以及亚洲、欧洲、非洲、美洲的十余个国家，既丰富了工作经验，又增加了社会见识！

如今，秦隆凭借自己多年的工作经验，将他在工作和旅行中的亲身经历与感受写出来并分享给大家，提醒人们，旅行不仅能游山玩水，还能品尝到各种美食。他从我国内蒙古和蒙古国的旅程开始讲述，接着是秦皇岛“黄金海岸”的孤独图书馆，再往后是张家界、九寨沟、南京、乌镇、杭州、厦门、三亚、粤港澳地区，以及日本、俄罗斯和美国的夏威夷、洛杉矶、拉斯维加斯、盐湖城、黄石公园等，直到印度洋上的塞舌尔共和国……通过他的描述，我们将与他一同领略各地的美景，品尝各地的美味，了解各地的风俗文化，这着实是一本好书！

本书不仅是一本攻略书，因为本书可以让那些不愿意旅行的或是找不到旅伴的年轻人走出家门，而且还是一本与同行或同事之间切磋技艺的工具书，因为书中有他接团过程中的欢乐和得失。

《行走的“食”光——九年旅行路，不同行与食》一书的出版，秦隆付出了艰辛的努力，我相信这本书一定会像他自己说的那样，使那些想要旅游、热爱旅游，寻找美食、热爱美食的人，都能暂且放下周身的束缚和生活的压力，早日出发，无论是跟团游还是自由行，都能在路上遇见那个更加真实的自己！在此，对此书的出版表示深深的祝贺！

北京联合大学旅游学院英语系教授

刘爱服

前言 Preface

我，阳光但不算帅气，自信但不露霸气，温柔却不显娘气，冷漠而不屑人气，一个青春叛逆期严重推迟了十余年的土生土长的北京孝子，如今也能出书了。早在 2010 年，当网络小说风靡全国的时候，我就萌生过要加入码字大军成为一个作家的念头，当时也确实付诸了行动。然而，理想往往够丰满，现实却总是很骨感，最初的冲动最终没能扛住柴米油盐酱醋茶的压力，那些有开头没结尾的故事搁浅在了笔记本电脑里，一躺就是十年。

新冠肺炎疫情蔓延期间，人们闭门居家、停工停学，顷刻间仿佛世界都静止了。起初，我也是混混沌沌地过着，每天吃饱了便是睡，满脑子想着的是这一天何时能结束。第二天叫醒我的是饥肠辘辘，起床后再吃，吃饱了再睡，周而复始，那种状态让人感到度日如年。直到半年后的某一天，我突然意识到人生不能就这样停滞不前，虚度光阴。与其这样苟且，不如做点有意义的事情。于是，我又重新拿起笔，开始了文学创作。从那时起，我便无心再关注金融市场的跌宕起伏、红红绿绿，也无暇再顾及生活里的钩心斗角、鸡毛蒜皮，生活恢复了往日的规律作息，每天叫我起床的是梦想，满心期待的是下一天何时能再开启。就这样，历时三个半月，结合多方史实资料与数据信息，我终于完成了人生中的第一部文学作品——《行走的“食”光——九年旅行路，不同行与食》。

这本书是一部游记，记录的是我这些年旅行路上的点点滴滴。人生中有很多个第一次，而往往第一次也是最令人难忘的。比如第一次独自旅行，那是在2011年12月，地点是云南的昆明、丽江和香格里拉，现在回想起来，旅行的全程都是耐人寻味的。第一次撒善意的谎言，第一次一个人睡火车的卧铺，第一次坐黑车，第一次住客栈，第一次上高原，第一次爬雪山，第一次骑牦牛，第一次在酒吧上台亮嗓……太多的第一次出现在那次旅行当中。但遗憾的是，我除了这些支离破碎的记忆和当时的一些照片以外，再无其他任何的记录了。所以这第一次独自的旅行并没有出现在本书当中，也许就是人们常说的缺憾美吧。当然，我并没有妄想过出书以后就能成为作家，但至少我是自己人生的作者；我也没有期待发行之后可以大卖，但它始终会是一部文学作品存在于这个世间。坦率地讲，本书只是我这几年旅行过程中的一个实录，讲述的是一种生活方式和态度；当我走到某个国家的某座城市的某条街道，表现出的是当地人的泰然自若，还是旅行者的兴奋不已；当我面对近在咫尺的山川河流、濒危物种，想到的是科学技术的发展让一切美景珍奇都触手可及，还是人类欲望的驱使让它们从身边消失得无声无息；当我品尝着眼前的饕餮盛宴、满汉全席，是今朝有酒今朝醉，甩开腮帮子大快朵颐，还是应该感叹如今生活的美好而悄悄擦去潸然落下的泪滴……旅行教会了我思考！只有不断地思考，才是人类生命存在的意义。

由于本书中所记录的旅行均是在 2020 年（不含）以前进行的，所以在景观景点的游览规程、注意事项等描述上可能会和现在有些许的出入，欢迎广大读者批评指正。另外，全书所述观点均为本人拙见，如有冒犯，还请海涵。

我不确定自己还能否坚持写下去，但我相信我会继续走下去，直到垂暮之年，走不动的那一天，回首往事，无怨无悔！

尽早出发吧，在旅行的路上，放飞自我，用有限的生命去寻觅无限的美好，留下一段属于自己的行走的“食”光！

秦　隆

2020 年 9 月 于北京

目录 Contents

1
孤寂辽阔的北国风光

2
自然与人文并存的南方

3

吃喝玩乐的粤、港、澳

4

海外的异域风情

1 孤寂辽阔的北国风光

2017.05.19—2017.05.28

2018.04.20—2018.04.29

古今中外的塞外边疆

像我这样的“80 后”，在童年时大都看过一部港剧，1983 年出品的《射雕英雄传》，俗称“83 版射雕”。这部电视剧是根据金庸先生的长篇武侠小说《射雕英雄传》改编的，故事以宁宗庆元五年至成吉思汗逝世这段史实为背景，反映了南宋为抵抗金国与蒙古两大强敌而爆发的斗争，充满了爱国的民族主义情愫。纵观历史，蒙古在不同朝代历经了多次划分，而在今天的世界版图上，它们最终被阴山山脉清晰地分割成了内外两部分。内蒙古自治区属中华人民共和国，蒙古国则在 1924 年宣布成立蒙古人民共和国，可那时并未得到中国政府的认可，直至 1945 年全民公投后，才被当时的国民党政府承认独立，继而成为东亚第一个、世界上第二个社会主义国家。1992 年 2 月 12 日，蒙古国选择放弃马列主义，开始实行多党制、总统制、民主议会制，从而又变身成为一个社会主义剧变后新增的资本主义国家。我清楚地记得在小学的课本上，曾读到过很多描述草原和边疆的篇章，如“大漠孤烟直，长河落日圆”“天苍苍，野茫茫，风吹草低见牛羊”等，所以那时就有一颗好奇的种子在我的心中埋下了。今天，我终于可以登上这片辽阔的土地来一探究竟。

“Boarding time right now.（登机啦）未来几天会在网络中间歇性失联，有事 call 我，如果我有信号的话。Safe journey，bye！（一路平安，回头见）”

在朋友圈留下一行简短的文字后，我就飞往了蒙古国的首都——乌兰巴托。大约两个小时的航程，飞机平稳地降落在成吉思汗国际机场。机场不是很大，但入关时间较长，需要排队填写入境申请表，其中包含了护照信息、往返航班信息、入住酒店信息等，前前后后我一共花了 40 分钟才顺利通关。出机场后的第一感觉就是这个城市比我想象中的干净，街景和俄罗斯有些相似，各种看不懂的文字随处可见。当地的官方语言是喀尔喀蒙古语，所以汉语、英语在这都不好使。为了旅行方便，临行前我找了个翻译，他叫 Zolbayar，是个本地人，我们之间的交流方式是英语。

原计划是先去酒店办理入住，之后用午餐。但乌兰巴托的交通实在是太糟糕了，我很难发现哪个城市的拥堵状况能比北京更甚，但这里却做到了。两公里的路开了半个小时，大部分的时间都是在那停着不挪窝儿。这边的司机也很疯狂，两条车道并排走着五辆车是常有的事，哪怕离障碍物（马路牙子、垃圾桶、建筑物，甚至是山）已经很近了，他们的脚下却依然在踩着油门……如此夸张的路况就让我们不得不先找地方吃饭了。说来也怪，没想到在这吃的第一顿饭竟然是中国菜，餐厅就在“裕隆大酒店”的中餐厅，环境非常好，菜品口味和国内相比也差不多，我之前还担心吃不着喝不着呢，现在看来是有点多余了。

饭后回到酒店办理入住时已是下午两点半，我住的成吉思汗大酒店在当地档次一般，但质量真的超出了我的预期，房间宽敞明亮、干净卫生，还免费提供转换插头（二眼圆孔）。酒店的位置也是相当地好，旁边就有一个巨大的超市 E-Mart（营业时间从 10：00 到 22：00），吃、喝、日用品应有尽有，物价与北京类似。总之，几天住下来，作为一个有些洁癖而又挑剔的人，我还真没什么可抱怨的。

在房间里简单地休息了一下，我便开始了首日的旅途。下午主要参观的是博格达汗冬宫和翟山纪念碑，距离都不是很远，就是交通依然令人苦恼，好半天才挪到冬宫的停车场。作为蒙古国重要历史古迹之一的博格达汗冬宫最早修建于 1893 年，也就是清光绪年间，是蒙古最高宗教领袖八世哲布尊丹巴·博克多格根居住和进行政教活动的场所，1924 年之后被改建成了博物馆。这座建筑的整体结构采用了蒙藏风格与汉式风格相结合的建造方式，反映了全新的民族建筑设计理念。从外面看，冬宫的占地面积并不是很大，但里面的格局却分布得井井有条，中轴线为前庭广场、宫门、钟鼓亭、一进院、汗宫主院、三进院，左右两侧则是一些遗存的院落。在这里参观需要注意的是，自进入冬宫的首道大门起，就不可以再拍照了。

离开冬宫，我们第二站去了翟山纪念碑。在最近的停靠点下车后，还要再登 288 级台阶才能到达顶端的观景平台。这上边的风很大，而且走得越高，身体会感觉越冷。最早的翟山纪念碑是 1956 年苏联建造的，为的是纪念“二战”中阵亡的士兵，而我们现在所看到的纪念碑是在 1971 年改建的综合性纪念碑。站在它的脚下，可以俯瞰到乌兰巴托的整个市容，高楼耸立的城区和蒙古包成群的郊外，构成了当地独特的城市布局。纪念碑的不远处还矗立着一尊巨大的释迦牟尼全身塑像，那就是释迦牟尼公园。佛像高 23 米，呈站立姿态，是由韩国雕刻家完成的。

晚饭前，Zolbayar 和我说附近有个小剧场，每晚都有歌舞表演，建议我去欣赏一下他们传统的蒙古族歌舞。我当然不会拒绝，就跟着他去了。整个表演时长 70 分钟，演出闭幕后我只能用两个字来形容：震撼！尤其是最后的柔

鲜而不腻的羊肉馅饼，咬上一口满嘴流油！（摄于 2018 年 4 月）

术表演，把我惊讶到捂住了眼睛。

晚餐安排在酒店对面的“Modern Nomads”，从名字就能猜出这是一个专门吃现代蒙餐的地方。餐厅的环境有点像大点儿的静吧，四人台、六人台、八人台都有。食物以牛肉、羊肉为主，微微偏西化，很合我的口味，特别是羊肉馅饼，肉质鲜而不腻，咬上一口满嘴流油，那味道真的超出了我的期待。吃了个肚歪以后，我就心满意足地回酒店休息去了。

今天的确感觉有些疲惫，主要是因为出发前两晚我都失眠了，外加早晨赶“红眼”航班又是凌晨三点起的床，好在这第一天的行程还比较缓，只在市区转了转，不然真的会有些吃不消。其实蒙古国的精华之处是它郊外的游牧部落，好好休息一下，明日再“战”吧……

第二天，我照旧起了个大早，因为要赶往距离乌兰巴托市区 80 公里以外的自然保护区——特日勒吉国家公园。可俗话说得好，人算不如天算，这天刚好撞上了国际马拉松赛事，市区交通戒严。我们紧赶慢赶的还是被堵在了城里，前前后后试了三个出口都不让通行。正在我束手无策之际，突然意识到了这里是蒙古国，那意味着没有什么可以阻挡司机前进的方向。于是，现实版的《Fast and Furious》（速度与激情）上演了！该如何形容呢？反正除了没撞车，其他能钻的、能过的、能走的甚至是不能走的地方，一个没落，通通“pass”（通过）掉！到最后不但顺利出城，还比预期时间提前到达了目的地。因为一出市区，可谓是一马平川，道路两侧不是戈壁就是草原，方圆几十里杳无人烟，这样的路况想慢一点都难，那就索性尽情地开吧！

全球最大的成吉思汗骑马雕像，通体由不锈钢打造而成。（摄于 2017 年 5 月）

沿途我们经过了长金博尔多格，相传这里是成吉思汗得到金鞭的地方，之后他便率领着蒙古铁骑，征战四方，成就了不可一世的蒙古帝国。如今，后人为了纪念他，于 2008 年建造了一座成吉思汗骑马雕像博物馆，其外部的雕像高 40 米，通体由不锈钢制造，重达 25l 吨，是目前世界上最大的成吉思汗雕像。

把车停好以后，我们下来拍照，此时空中已飘起了雨夹雪，气温骤降到 2℃，于是我们拍好照片后赶忙奔进了雕像底部的博物馆里。博物馆共分为四层：地下一层，地上三层。地下部分主要是用来展示蒙古游牧文化的珍贵文物，其中古董厅是不允许拍照的。首层的两侧分别放置了一个重约 4 吨的木质马靴和成吉思汗的金鞭仿品。二层是洗手间和餐厅，相当干净。顶层的观光平台则需要乘坐电梯上到三层，然后再步行一层才可到达。站在上面，一边可以瞭望到无边无际的大草原，一边可以和成吉思汗雕像的大脑袋合影留念，不过平台的空间比较小，游人比较多，所以要想找到最佳的拍照位置就得看你是不是手疾

重约 4 吨的木质马靴，足有三层楼高！（摄于 2018 年 4 月）

眼快啦！

在博物馆大概参观了一个小时，我们又继续向自然保护区的方向前进了。特日勒吉国家公园被列为全球100个超美国家公园，这里群山连绵，森林葱郁，河水蜿蜒其间，景色极为优美。园区里的三友洞、乌龟石等独特的自然景观，更是吸引了一批又一批前来观赏的游客。车子大约行驶了四十分钟，我们先到了三友洞。这个洞在路边的一块大石头上，不是很高，如果没人介绍，你很大可能会错过它，但就是这么一个不起眼儿的洞，背后却藏着一个鲜为人知的动人故事。听 Zolbayar 讲，在蒙古国战乱时期，喇嘛们为主持正义发动了民族起义，但不幸的是以失败告终。于是政府要将他们赶尽杀绝，当时有上百个喇嘛从乌兰巴托的市区侥幸逃出，藏身于此以躲避大屠杀。然而，杀戮却并未因他们的逃亡而终止，国家继续找寻喇嘛们的踪迹。当地牧民见状便开始自发地往洞内运送食物，日复一日，喇嘛们才得以存活下来。如今，几百年过去了，

成吉思汗的金鞭仿品，其实真正的没有这么粗大……
（摄于2018年4月）

路旁的“三友洞”，真正的“洞”在这块大石头中间的缝隙里，的确很难被人发现，而且爬到那里真的不是看起来的这么容易！（摄于 2017 年 5 月）

这个地方已不再是难民的避难所，而是成为了一处开放景点，供游客自由参观。别看就这么简单的小石堆，实际爬起来还真的有点挑战性，我终于意识到何为“上山容易下山难”了……不过再难也不能丢了咱国人的脸，即使手脚并用，也必须完成！

从三友洞离开，再到我们驻地的距离就很近了。没错，今晚我就要在这个仅由架木、苫毡、绳带组建的蒙古包里过夜了。没有私人浴室，没有独立卫生间，为的就是能充分体验一把游牧民族的住宿环境。不过，如果实在不适应，营地里也有公共洗手间和收费的淋浴房，非常干净，每小时都会有专人打扫。当然，为满足更多游客的需求，这里也提供豪华蒙古包，区别就是毡包内有如厕和沐浴的地方。

一切办理妥当，就到了我们的午餐时间。营地的餐厅叫 Terelj Lodge

这就是那块形似乌龟的巨石，还别说，真挺像的！（摄于 2017 年 5 月）

Restaurant，早、中、晚三餐都在这里解决，食物虽简单，但做法很精致，而且量超大，可以吃到满足。餐台上还提供了开水、咖啡粉和茶叶包，可以冲咖啡、泡茶。

下午我们安排的活动是打卡乌龟石和去牧民家骑马。乌龟石是特日勒吉的一个标志性景点，因为这里有一块巨石形似乌龟，因而取名为乌龟石。我们从营地开过去 20 分钟左右。凡是来到这里的游客几乎都会拍照留念，就像成都春熙路的爬墙熊猫一样。走到乌龟石的跟前，Zolbayar 一手指着石头，一边扭头对我说："If you can hold it，you will enjoy a long life.(你要是能把它举起来，就可以延年益寿了)" 说完我俩都笑了。拍过照，驶过一条崎岖的泥巴路，我们就到了牧民家。这一路大约行驶了 30 分钟，颠簸得非常厉害。牧民家的马自然是产自蒙古高原的蒙古马，完全处于半野生状态。它们既没有舒适的马

雨过天晴后的国家公园伴着夕阳西下，景色美不胜收！（摄于 2017 年 5 月）

厩，也没有美味的饲料，夏日忍受着酷暑蚊虫，冬天抵御着暴雪严寒，年复一年地风餐露宿在这孤狼出没的草原之上。蒙古马的体形大都娇小，但体魄尤为强健，经过调教后，匹匹都是优质战马。在蒙古国骑马很便宜，尤其是在民风淳朴的牧民家，20000 图格里克（蒙古国货币）或者 8 美金（约合 55 元人民币）就可以骑上一小圈，大约 20 分钟。像我这种不会骑马的就只能坐在马上被马主人牵着溜一圈了。怎奈天有不测风云，草原的雨说来就来，我们刚骑出去没多久，“雷公、电母”就闪亮登场了，气温也随之骤降。我顺势看了眼天气预报，0℃！这不得不让我们返回营地的蒙古包里休息。“老天爷也太随性了，一会儿雨一会儿雪的，这哪是避暑啊，简直是过冬来了，到晚上会不会就零下了？那可真是你在北京的市区里大汗淋漓，我在蒙古的草原上结成了冰……”我无奈地喃喃自语着。

……

“轰隆隆，哗啦啦！”大雨瓢泼了足足三个小时，雨过天晴，已是日落时分。我走出蒙古包，伴着夕阳西下的余晖，国家公园分外漂亮，昂首望是蓝天白云，低头看是牛羊成群，那画面美不胜收！

今天营地的晚餐是蒙古特色石头烤肉，这是蒙古羊最有尊严的打开方式。它的历史可以追溯到元朝，距今已有几百年了。相传，成吉思汗在一次围猎宿营时，把羊肉贴在一位士兵的头盔上，将其放在篝火上烤制。鲜嫩的羊肉触碰到滚烫的火山石后，香味随之飘来，再经文火焖熟，吃起来醇香浓郁、嫩而不腻。

“那现如今这道美食又该如何料理呢？”我特意请教了一下大厨。“……其实，烹制石头烤肉的关键在于选料，既不能是成年羊，也不能是羔羊，两岁左右的乌珠穆沁羊最为合适。此外，火候掌握不好也会影响肉质的口感。”大厨一边忙活着，一边让 Zolbayar 翻译给我听。肉选好后，就该腌了。腌制过程相对简单，我看大厨只用了盐这一味调料，他说这样做可以确保羊肉的原汁原味，搅拌均匀后静置半个小时就 OK（完成）了。“……至于石头，一定要选用光滑结实的鹅卵石，这样才能避免石头在炙烤的过程中碎裂掉渣。”Zolbayar 继续翻译着。一系列的准备工作做完，就见大厨将石头铺满锅底，但没有放水，直接开大火加热，待鹅卵石被烧到块块通红以后，放入了土豆、胡萝卜和腌好的羊肉。在高温的作用下，肉的油脂慢慢地浸入了配菜内，当听到“呲呲”作响的声音时，他就起锅装盘了，那味道光闻着就香得不得了！饭桌上，我还看到蒙古人会把烧过的鹅卵石放在手上揉搓，他们说这样做有强身健体的功效。入乡随俗，我也没什么可矜持的，一手玩着石头，一手抓着肉往嘴里塞！

传说中蒙古羊最有尊严的打开方式——石头烤肉！（摄于 2018 年 4 月）

To be honest, I never expect the Mongolian food is this delicious！（实话讲，我从未期待过蒙古食物能有如此美味）

吃完饭，我躺在草地上，享受着乌兰巴托的夜，它是那么地静，静得连风声都听不到。望着挂满繁星的天空，耳边不时传来牧民们低低的歌声，顷刻间仿佛整颗心都被放逐了。在大城市生活的人们，还有多少能拥有同蓝天般清澈的内心、似大漠般宽广的胸怀呢?

回到蒙古包，就到了牧民们进行当晚首次“供暖”的时间了，其实就是挨家挨户地生炉子，这是草原上最传统的供暖方式。一般情况分三次，从晚上8点开始，之后是午夜0点，最后是次日凌晨5点。燃料多是木碳（本应是牛粪，但对游客一般不用），和木屑一同放在土拉嘎（火撑子，是古老且最主要的传统取暖炊事用具，形似一个煤炭炉子）里，充分燃烧后以达到散热的目的。别看这么原始的取暖方法，前半夜还真是热得够呛，我脱掉衣服都挡不住那汗如雨下，只能偶尔敞开房门让里外的冷热空气流通循环一下。但是后半夜又是出奇地冷，冷到令人发抖，我不得不再重新穿上厚衣服，总之这一宿竟跟这点衣服折腾了。

清晨的草原，天气晴好，艳阳高照。想当年，北京的天空亦是如此，可现在，那些美好一去不复返了。言归正传，昨天尝试了游牧民族的食宿，今天就要体验他们的生活了。

车子上下起伏地行进着，当我听到轮胎碾过戈壁滩的沙沙声，看见窗外无处不在的飞沙走石时，这所有的一切仿佛把我带到了13世纪的蒙古帝国。下了车，我发现迎接我们的不是“人”，而是牦牛、蒙古马、骆驼，只见他们从不远处姗姗而来。就在我还没回过神的时候，主人出现了，这些牲畜们立刻齐刷刷地一字排开在我面前。此时，Zolbayar 转过头来对我说：“Please choose one of them for yourself.”（请从这些坐骑里给自己选一个吧）我用眼神和他确认了一下，心想：昨天刚刚骑过马，今天换头牛吧。于是，我在主人的协助下骑到了牦牛的身上，跟着他们去了蒙古包。这算是一次蒙古家访吧，主人会先为大家唱歌以示欢迎，然后围坐在一起边吃小吃边聊天。在 Zolbayar 的翻译下，我了解到这个蒙古包里住了一家五口人，他们世世代代都生活在这里，平时放放牧，种种粮食和蔬菜，就连生活用品也是自给自足。方圆几百里内均没有电，就更甭提网络了，但显然这些对他们来说并不重要。一番攀谈过后，彼此变得熟识起来，突然他们问我要不要试试游牧民族的服饰，我还没来得及回答“好”，就被“强行”打扮成了蒙古人。头戴圆锥形皮帽，身披肥大的长袍，还真有那么点儿大汗的气质。来到户外，他们向我展示了一些常玩的游戏和运动，还教我如何去摘羊绒、抱小羊。我从羊圈里抱起了一只犄角还没长出来的羊宝宝，特别有意思。最后我们体验的项目是“搬家”，车夫是牦牛，后面拉着两三辆双轮板车，车上装的是“货物”和人，那场景让人

牛、马、骆驼在主人的带领下，从不远处朝我们姗姗而来！（摄于 2017 年 5 月）

好像一下子回到了“旧社会”。

快乐的时光总是过得飞快，我意犹未尽地离开了游牧部落，准备返回乌兰巴托的市区。

我们回到市区时是下午1点，和 Zolbayar 商量了一下，决定吃顿中式的火锅。他推荐给我一家名叫 The Bull Hot Pot 的馆子，大厅非常气派，有窗边的景观位，锅子也是那种独立的小锅，小料可以不限量自取。我们点得很丰盛，有牛肉、羊肉、马肉（传统的蒙古人是不吃马肉的，但餐厅也会提供，我点来尝尝鲜）、海鲜、蔬菜、面条等。Zolbayar 说这家店还可以接待素食主义者，能提供无麸质食材，这在国内都不太多见。

填饱了肚子，下午我便开始继续接受着文化的洗礼。第一站是蒙古国最大的寺庙甘丹寺。甘丹寺的寺名意为“极乐圣地”，是由活佛四世哲布丹尊巴主

犄角还没长出来的羊宝宝，害羞地依偎在我的怀里。（摄于 2017 年 5 月）

“牦牛搬家公司”，旨在打造任劳任怨的服务品牌！（摄于 2017 年 5 月）

持修建的，始建于清朝，距今已有近两百年的历史了。进入寺内，正中央的章冉泽大佛格外引人注目，佛高 28 米，通体鎏金，镶嵌着大量宝石，堪称蒙古国宝。可惜宗教的寺庙内都不允许拍照，我也只是简单地在外面照了几张建筑的外观，就奔向了下一站。

第二站是位于市中心的苏赫巴托广场，这是为纪念 1921 年蒙古革命领袖达木丁 · 苏赫巴托尔而命名的广场。2013 年曾更名为成吉思汗广场，但在 2017

乌兰巴托市的市中心广场——苏赫巴托广场，图中的建筑物是国家宫。
（摄于 2018 年 4 月）

年，蒙古人民党政府又恢复了其原名。依我看，这就是小了N倍的天安门广场，也是当地举行国家仪式、文化活动和展览的场地。广场中央有一座石雕塑像，是苏赫巴托纪念碑，我走到这里环顾四周，北面是国家宫、苏赫巴托与乔巴山的墓、成吉思汗坐像，东面是国家古典艺术剧院、中央文化宫，西面有乌兰巴托市政府、中央邮局等。

从广场穿过一条马路，就到了对面的蒙古国家历史博物馆（原称革命博物馆），这是蒙古国成立最早、馆藏最丰富的博物馆。馆内有三层，分七个展区，会有专职的讲解员做详细的导览，主要介绍的就是成吉思汗是如何统一蒙古的，其继承者又是怎样建立的蒙古帝国，进而建立元朝，以及蒙古独立后的情况。我跟着讲解员从头到尾听下来将近两个小时，那叫一个过瘾。

一下午的头脑风暴让我对蒙古的宗教、政治、历史有了更深一步的了解，只希望明天醒来不要全部忘记吧。

“爱上一匹野马，可我的家里没有草原……”呼斯台国家公园里的蒙古野马，因生性机警，只能远观而难以亵玩！（摄于2018年4月）

“爱上一匹野马，可我的家里没有草原……”一路哼唱着小曲，我们就来到了呼斯台国家公园（Hustai National Park），这也是我在蒙古国最后一天的行程。它位于乌兰巴托以西120公里的地方，占地面积50600万平方米，是一处在自然环境下保护和繁育蒙古野马的自然保护区。蒙古野马又叫普氏野马，平均体长2.1米，肩高1.1米，尾长0.9米，体重350千克。马的头部长而大，颈粗，耳短，马蹄宽且圆，形似家马，但额部无毛，颈鬃短而直立。它们生性机警、善奔跑，一般都由强壮的雄马为首领结成马群，过着游移生活。除野马外，公园里还生活着鹿、狐狸、熊、狼、山猫等动物和一百多种鸟类。

进园区前，我们先参观了门口的Conference Hall（会议室）。这里面有个小型的展览，主要是些昆虫的标本和野马的相关介绍。接着，我们又在旁边的影厅观看了一部时长17分钟的纪录片，对野马有了些初步的印象。等这些流程都走完了，才开始真正意义上地寻找它们。园区里面的路况不是很好，

一路 bumpy(颠簸)，充满着原始的味道。因此，为了安全起见，进入公园前是要统一更换四驱越野车（园区提供）的。来时的路上 Zolbayar 给我打过几次预防针，他说就算是在野马的生态基地，能目睹到它们的概率也不超过 60%，但事实证明，我们就是那幸运的 60%，仅仅开了半个小时便在 300 米外的小山坡上找到了它们。之后又继续往深处开了一会儿，见到了第二群，这次我们离得更近，抓拍到了几张还算清晰的照片。

回程的路上我不断在想：往返市区近五个小时的车程加上景区里一小时的颠簸，就为了远眺十几分钟的野马，值吗？很多人会认为是浪费时间！当今网络这么发达，全球 99% 的信息我们都可以足不出户就轻松地获取到，根本不

需要这样大费周折，花钱花精力还“受罪”。但我想说，这不正是旅行特有的乐趣吗？生活中的图片、传说，历史书里的名胜、遗迹，古代文明和现代科技，若能在行走的路上亲身体验，那种从现实中所收获的成就感会远远超过虚拟世界带来的快感，这就是旅行的意义。想到这，我让司机师傅靠边停下，自己一个人走到路边，望着无垠的大漠和偶尔掠过的孤鹰，仰天长啸，这是来自心底的呐喊！

在蒙古国的最后一顿晚餐我吃的是自助烧烤，餐厅的名字很直白，就叫 BDS Mongolian Barbecue。冷菜、热菜、鸡鸭鱼肉、面点主食、汤羹甜品，样样具备。拿餐的时候要注意，烧烤类食品都是现选现做的，所以生肉、熟肉

当听到轮胎碾过戈壁滩的沙沙声，看见窗外无处不在的飞沙走石时，这所有的一切仿佛把我带到了 13 世纪的蒙古帝国……（摄于 2018 年 4 月）

“BDS Mongolian Barbecue”的大厨正在认真地做着烧烤，切记生肉、熟肉要分开摆放！（摄于 2018 年 4 月）

要分开摆放，否则会被大厨倒掉重取，这方面我有前车之鉴。

吃过晚饭，Zolbayar 的工作算是结束了，他没有再送我回酒店。于是，我彻底变成了一个“大哑巴”，想在街边的小商铺买点零食都是个问题，语言完全不通，最后还是 body language（肢体语言）战胜了一切，和售货员连比画带猜了老半天，算是买到了想要的东西。这边的司机要夸一夸，无论开得多疯狂，只要你走在人行横道上，他们都会一脚刹车让你先过，这可能和人口少

昂首望是蓝天白云，低头看是牛羊成群，这就是蒙古国的大草原。（摄于 2017 年 5 月）

有关吧，蒙古全国上上下下才300多万人，同是发展中国家的我们，不能说司机的素质有多低，毕竟市区的居民太多了，让不过来呀！

行程跟大家分享得差不多了，再来说点心得吧：（1）蒙古国是个值得来的好地方，当地人民简单纯朴，特别是牧民，那种单纯是你无法想象的。同时，我也深深地爱上了这里的原生态，希望这样的风情能在当今这个铜臭横流的社会里维持得越久越好。（2）蒙古人民没有传说中的那么争强好斗，只要大家能保持最基本的尊重和礼貌，与人接触还是很安全的。（3）这里的餐饮超级棒，至少让我这样的国内吃货很满足，回去肯定是要长胖的。（4）建议来蒙古国的游客身上多备些小吃、零食，到了牧民家给那里的孩子们。因为如果你想表达一下谢意，留一些零钱的话，他们是真的没地儿花，不如吃的、用的更实际些。一块糖会让他们开心半天，一幅漫画可以抱在怀里迎风奔跑，那种发自内心的满足感足以让你泪奔，那片洋溢在脸上的笑容是你在大城市里根本无法看到的。（5）乌兰巴托的交通状况和北京实在是有一拼，从早7点到晚11点都会拥堵，这一点着实令人抓狂！过马路时切记要走人行横道，所有机动车都会礼让行人。（6）如果没有当地朋友带着最好不要去酒吧或是夜店，那个地方确实会有潜在的“危险”，蒙古国大部分男生打小就学摔跤，这是他们的国民运动，避免酒后挨揍，还请敬而远之。

短短四天的蒙古国旅途仓促而又令人难忘，第五天一早，我就搭上了回国的航班。

终于吃到中餐了，黄河大鲤鱼。（摄于 2018 年 4 月）

However（然而），边疆之行并未就此完结，到了首都机场，一个转机，我又飞往了内蒙古的省会——呼和浩特。

马不停蹄地飞到呼市后，出机场我就直奔餐厅了。吃了这么多日的西式蒙餐，今天终于可以吃到地道的中国菜了。其实，我的肠胃还算是中西合璧的，只要不是太辣、太油，来者不拒。

饭后到酒店办理完入住，我没有再出去闲逛，今晚想早些休息，养精蓄锐，明天好向草原进发！

出生在城市的人们，或多或少都会有些草原情结，我也不例外。于是，第二天一大早，我就和几个当地的朋友一路向北，朝着希拉穆仁大草原的方向驶去。“希拉穆仁”蒙古语意为“黄色的河”，它位于包头市达茂旗的东南部，因河畔有座清代的喇嘛召庙“普会寺”而得名。这里的草原是典型的高原草场，每到夏秋时节，绿草如茵、鲜花遍地，称得上是扬名海内外的避暑胜地。

因为全程限速（尤其山路路段，40km/h），所以100公里的距离我们开了两个半小时。其实这个季节来草原还是有点早，路上领略不到“风吹草低见牛羊”的景观。到了度假村的停车场，刚下车的我们就见到迎面走来了三五个穿着蒙古族服装的姑娘，她们一面上酒，一面献哈达，这是蒙古族特色的“下马酒欢迎仪式”。如果有人扭扭捏捏、推推让让，会被认为是对主人的不敬，不愿以诚相待。所以即使不会饮酒，也要轻微沾唇，以表示接受了主人纯洁的友谊。喝过酒，我拉着行李走进度假村，今晚将再次体验“蒙古包”的住宿。

度假村里的蒙古包是集中在一起的，放眼望去不下百个，它们整齐划一，房门上有房号，需要拿着钥匙慢慢找，那场景还真挺适合打场“CS”或是“撕名牌”的。中国内蒙古的蒙古包和蒙古国的有着明显的区别。一是外观设计，内蒙古的蒙古包整体为砖墙式建筑，落地玻璃窗，现代感十足；二是内部设施，空调（暖风开放时间19：00—次日08：00）、电视、卫生间、淋浴房（热水

度假村里整齐划一的“现代蒙古包”，它们舒适、方便的同时也失去了原始的味道。（摄于2018年4月）

供应时间 18：00—次日 07：00）、Wi-Fi，样样具备，但舒适方便的同时也失去了原始的味道。而且，就卫生条件而言还不如蒙古国，可能是气温相对较高，我进屋后要先和拇指大的苍蝇、指甲盖大的蜘蛛，以及手指大的蚂蚱“搏斗”一番，据说天气再热点还会有新的“物种”出现……总体说来，如果你是为了体验传统式的蒙古包，那这样的住宿就没什么意义了。

这里的餐厅和市区的也没法比，因为凡是入住于此的客人都要在同一个餐厅里按批次轮流用餐。虽然能点的东西很多，但就餐环境不太好，很喧闹，根本没有服务可言，像是在吃流水席。我们的午餐也只是勉强地塞了几口就撤了。

免费的摔跤表演，虽然不是很精彩，但也还是抓拍了几张照片。（摄于 2017 年 5 月）

向山上走几百米是一个小看台，朋友们说这里每天下午两点都会有赛马和摔跤的表演。由于看台是完全露天的，山顶的风又很大，我们没有地方躲，所以只能在风沙中静静地等待着演出的开始，任凭那沙尘在脸上肆意胡乱地拍。更可悲的是整场表演平淡无奇，没有什么亮点，也就不浪费笔墨了。

接着，我们开车又去了10公里外的红格尔敖包山，这是希拉穆仁草原上最大的敖包。敖包的历史源于蒙古族从古至今对山峰、泉水的崇拜，他们为了保护草地的原貌，不随便掘土、采石、拔草。同时，敖包也是天葬英灵的地方，蒙古各部会用石头垒成石堆来纪念战争中献身的英雄们，这样的敖包里大都会

商业气息浓重的红格尔敖包山，这是大门口，能看到那远远的敖包吗？看不清。想看吗？要么买张观光票，要么花钱看演出，要么止步于此！（摄于2018年4月）

存放着英雄的遗物。关于红格尔敖包还有两个传说，一个是子女尽孝道，另一个是出征的战士祈求凯旋。不过现在这个景区已被私人承包了，他们在距离敖包很远的地方就设置了检票口，要么买张观光票，要么花钱看演出，要么止步于此，商业气息很浓。来都来了，我们几个人一合计，花钱进去看看吧。不过话说回来，这年头真没有花钱的不是，里面的大型演艺“金戈铁马魂草原祈福行”确实令我大开眼界。

看完演出，我们随即来到旁边的一个牧民家里做客。显然，这边牧民的生活就不同于蒙古国了，虽然他们也是住在蒙古包里，但家具水电、汽车摩托，

住在希拉穆仁大草原的牧民们的生活更像是大城市里的农村，瞧这猪养得多肥实啊！（摄于 2017 年 5 月）

一应俱全，那架势更像是大城市的农村，而非荒山野岭的部落。

回到度假村，朋友们打算骑马去消磨时间。这里骑马的价格会比蒙古国稍贵些，但也有本质的区别。蒙古国是人骑在马上溜达一圈，时间 20 分钟，这里则可以自由驰骋在草原上两个小时，价格是 200 元人民币，有当地人跟着还会再便宜些。由于对骑马的兴趣一般，我选择了独自一人漫步在希拉穆仁这春末夏初还略显荒凉的草原上，看着碧空中游走的白云，纵身一跃，万般皆空。这里的晴天烈日、幅员辽阔，能让灵魂得到片刻休息！

晚上，我们没有再去度假村里的餐厅吃饭，而是到外面的小镇上吃的蒙餐锅茶。为了这顿饭，我们是夕阳下穿沙漠、过小河，历经一番周折。锅茶，顾名思义就是把熬好的奶茶放入锅中来食用的一种特色美食。对于蒙古人来讲，奶茶不单是饮品，更是一种文化、一种情感。他们会用传统方法先将奶茶熬好，再在锅中放入风干肉、奶酪、奶皮子（好似老北京的铜锅涮肉，边吃边煮，唯独配料不同），然后一起煮。等吃的时候，盛上一碗奶茶，里面加入奶豆腐、炒米、黄油，喝之前再配上蒙古果子、鸡蛋，那味道才叫正宗。不过，我吃起来是有点不习惯的，主要是黄油的味道太重，不过号称草原上最烈的蒙古奶酒“闷倒驴”我喝着倒是蛮有意思的，看来今晚能睡个好觉了。

吃完蒙餐，我们几个摇摇晃晃地回到了蒙古包，倒头便睡，就连度假村中心广场的蒙古族歌舞文艺会演都错过了。

“咚咚咚……开饭啦！”早上 7 点，我被服务员的砸门声叫醒，这是草原上特有的“叫早”方式。大家收拾好行李，去餐厅扒拉口东西就出发了。

今天，我们的路线是先南下回呼市，再向西开到鄂尔多斯达拉特旗县城的响沙湾，全程 256 公里，途中还会驶过黄河大桥，算上中午在服务区吃了顿便餐，我们一共花了五个多小时才到地方。“鄂尔多斯”在蒙语中的意思是“众多的宫殿”，它是一个以蒙古族为主体、汉族占多数的地级市，也是我国民族风情最佳的旅游城市。响沙湾地处陕西、山西、内蒙古乌金三角地带，位于库布齐沙漠的最东端，于1984年1月被开辟为旅游景点，2011年1月被评为国家5A级景区，是集观光与休闲度假为一体的特大综合型沙漠休闲景区。景区面积24平方公里，居呼和浩特市、包头市、鄂尔多斯市开发区中心，被称作“黄河金腰带上的金纽扣”。响沙湾在蒙语中叫“布热芒哈”，意为“带喇叭的沙丘”。这里的沙高110米，宽400米，面临大川，背风向阳坡，呈月牙形分布，坡度45°倾斜，构成了一个巨大的沙丘回音壁。因此，从高大的沙丘顶端滑下来，可以听到身边的沙子在唱歌，轻如青蛙“呱呱”叫，重像飞机、汽车的轰鸣，举世罕见。景区内部开发的游乐项目也非常有意思，大致分为度假区、休闲区和观光区。由于时间关系，我们只在休闲区里玩了一下。休闲区又分为悦沙岛和仙沙岛，简言之就是悦沙岛适合中老年人，仙沙岛适合年轻人，我们肯定是选择刺激的后者啦。坐着沙漠冲浪车来到仙沙岛，里面的空中滑索、沙地摩托、沙滩自行车、骆驼观光等，能玩的都玩了。中途累了，可以去中央的休息区小憩一下，那边有吃有喝。等到下午四点，剧院还会有现场演出，主要是杂技和柔术。

跨黄河，趟沙漠，驱车五小时，穿越三个城市，我漫长而充实的一天就这样结束了……晚上在酒店的餐厅吃完晚餐，大家便各自回房休息，因为明天下午回呼市还要四个小时的车程。每每旅途接近尾声，都会有些审美疲劳，但人生亦是如此，哪有一路都丰富多彩的道理呢。

一望无际的大沙漠，多姿多彩的响沙湾！（摄于2018年4月）

返回呼市当天的上午，我们还去了鄂尔多斯的另一个景点，一代天骄成吉思汗的衣冠冢——成吉思汗陵。它坐落在伊金霍洛旗草原上，离我们住的地方有 70 公里。据史料记载，蒙古族盛行“秘藏”，而吸收了成吉思汗最后一口气的灵魂驼毛就藏于当时的成陵之内，所以找到驼毛就找到了陵寝。但几百年来，成陵已经过多次迁移，直到 1954 年才从青海的塔尔寺迁回到故地伊金霍洛旗，所以真正的棺椁究竟埋在何处仍然是个未解之谜。另外，关于大汗的死也是众说纷纭，有病死说、西夏王妃咬死说、被雷劈死说、被马踩死说、中箭说、中毒说等等。由于年代久远，又加之政敌的胡乱编造，真实死因已无从考证了。到这里参观有个规定，那就是无论你是否跟团，有没有导游，为了确保史实一致，都必须听从成陵内讲解员的指引。于是，我们就跟着她进入了陵区。首先映入眼帘的是入口处的门牌楼，长 25.6 米，高 16.8 米，据说该建筑风格是仿造了 1266 年元世祖忽必烈在元大都为供奉成吉思汗而建的太庙的牌楼。穿过门牌楼，后面是一尊成吉思汗骑马的铜像，高 12.06 米，代表蒙古帝国是在 1206 年成立的。绕过铜像，是象征着吉祥福禄的九十九级台阶步道，直接通往陵宫。步道宽 13 米，长 270 米，前后落差 21 米，寓意成吉思汗 13 世纪建立伟业，27 岁开始统一蒙古诸部落，在位 21 年。步道旁边是碑亭和阿拉坦甘德尔敖包，敖包最初是作路标而用，后来才逐渐地演变成了祭祀的地方。我们一路登上来，顶部的正中央是陵宫，旁边是展览馆和苏勒德祭坛。陵宫里至今仍有守灵人达尔扈特

人，他们世世代代都在这里守护着成吉思汗的英灵。祭坛是供奉战神的地方，女性最好不要上去，按阴阳风水学来说，对女性不利。

从成陵离开后我们就一路“杀”回了呼和浩特，晚餐是在德顺源贵宾楼吃的烧麦。德顺源成立于 2013 年，是一家年轻的餐馆，但他们的目标却很远大，旨在要将“德顺源”打造成内蒙古“烧麦”的代名词，让老百姓提到烧麦，第一个想到的就是他们。而可笑的是，我吃了这么多年的烧麦，今天才知道它们的发源地竟然是呼和浩特，后来是被走西口的晋商带到全国各地的。而且，“烧麦”二字也有不同的说法和写法，较为常见的一种是“捎卖”，因为早年呼市的烧麦都是在茶馆里销售的，食客一边品着茶点，一边吃着烧麦，故有“捎带着卖”的意思。另一种说法是因烧麦的边皱折如花，即称“稍美”，意为“边

发源于呼和浩特的“烧麦”，其背后的民间故事真是太多了。（摄于 2017 年 5 月）

烧美丽”。当然，现在大家基本都约定俗成地叫“烧麦”了。

在内蒙古的最后一天，我没有往更“深远”处走，而是就在呼市的景区逛了逛。上午昭君墓、和硕恪靖公主府，下午大召寺。

昭君墓又称“青冢”，是汉朝明妃王昭君的墓地，坐落于呼市南郊9公里处大黑河的南岸，始建于西汉时期，夯筑而成，距今已有两千多年的历史了，是中国最大的汉墓。王昭君想必大家都不陌生，我国古代四大美女之一。她姓王，名嫱，字昭君，乳名皓月，西汉南郡秭归人（今湖北省宜昌市兴山县），原汉宫宫女，匈奴呼韩邪单于阏氏。数千年来，她都是美的化身，关于她的传说故事更可谓是家喻户晓，其中流传最广的就是在昭君出塞的途中，遇到远归的大雁，大雁看到如此貌美的女子惊呆了，竟忘记了飞翔，从空中掉了下来。“琵琶一曲弹至今，昭君千古墓犹新”，今天的昭君墓，就像北方草原上一颗璀璨的明珠，不仅有悠久的文物古迹，还有鸟语花香的自然情趣和别具一格的人文景观。可惜，运气不佳，我来的这段时间正好赶上昭君墓旅游区封闭扩建，连售票窗口都没了，工作人员直接将我们拒之门外，好说歹说地才允许我们走近些拍了几张照片。

和硕恪靖公主府在呼市的新城区，占地18000平方米，建于清康熙年间，是康熙帝的六女儿和硕恪靖公主居住过的府邸。截至目前，它也算是塞外保存得最完整的一处清代四合院群体建筑了，具有较高的历史、艺术和观赏价值。公主府又名呼和浩特市博物馆，所以对公众是免费开放的。我们雇了个讲解员，跟着她边听边看边做比较，最后我发现皇家府邸建筑几乎都大同小异，这里就很像北京的恭王府，无非是规模上小了很多。

大召寺是一座大藏传佛教寺院，属格鲁派，也就是黄教。寺院建于明万历七年，由蒙古土默特部落首领阿拉坦汗主持修建，历时一年完工，是呼和浩特市建成最早的黄教寺院。“召”在藏语中是寺庙之意，汉语原名“弘慈寺”，后改为“无量寺”。走进寺内，按照参观北京雍和宫的方式，我们先走了中轴，后走的两侧。里面的主要建筑有山门、天王殿、菩提过殿、九间楼、经堂、佛殿等，其中经堂和佛殿是连在一起的，统称“大殿”，这也是整个寺庙中唯一一座融合了汉、藏风格的宫殿。每年农历的正月十五和六月十五，大召寺都要将寺内珍藏的一幅长二丈、宽一丈五的未来佛画像抬出来挂在佛殿前展示，这就是一年两次的盛大佛事活动——“晾大佛”。晾佛既能达到弘扬佛教的目的，又能保护画像，防止虫蛀。辉煌的召庙建筑、珍贵的艺术文物，以及神秘的恰木舞蹈和佛教音乐，构成了大召寺独特的“召庙文化”。

大召寺的对面是九久街。它地处呼市中心30分钟经济圈，是一条占地十万平方米的超大规模中式情景商街，主要经营牛羊肉制品、羊绒制品、民族用品、奇石古玩等。因为九久街的商家多是面向中低端的消费群体，所以这里一直都是老百姓特别乐意光顾的商业街区。尤其是在华灯初上的盛夏，人们徜徉在这古色古香的建筑间，恍惚一场穿越之旅，即使是像我这样没有什么购物欲的游人，走累了找个小店儿歇歇脚，喝杯东西，静静地看着“古街”中熙熙攘攘的人群，也不失为一种享受。

随着夜幕的降临，我走出酒店，漫无目的地穿梭在呼市的街巷里，从喧嚣到寂静，一个背包，一瓶水，一个人的夜走……

Last night in Inner Mongolia.（内蒙古的最后一夜）我总结一下心得体会，首先，内蒙古确实要比蒙古国更加商业化，虽然蒙古国的旅游市场已全面打开了十余年（2006年3月1日），物价也和大陆差不太多，但人民依旧是简单淳朴、热情好客的，景点里也是明码标价、童叟无欺，没有任何的隐性消费，这方面内蒙古就表现得明显不足，文字游戏、偷奸耍滑的现象屡见不鲜，不过好在整体还没有出格。其次，我想感谢这些天一直陪在我身边的朋友，他们带我玩、带我耍，撸草原的羊肉，品最烈的奶酒，吃正宗的烧麦，感受最地道的内蒙古……

开心的时光转瞬即逝，九天的边疆旅行到此就彻底结束了。回京的飞机上，我的内心百转千回，对此地、此人、此景，深深铭记！

微信扫码
足不出户带你“吃遍”人间美味
配套音频 高清美图
作者感悟 杂感随笔

孤独的黄金海岸

2018.01.05—2018.01.06

想看看孤独的图书馆，想望望冬季的渤海湾，一张高铁票，一个酒店订单，我来了……

乍一看题目是不是被我带到了远在澳大利亚的布里斯班，还在质疑那里和渤海有什么关系？怎么坐个火车就去了？好，那么现在请你上网打开任意一个地图 APP，输入“黄金海岸”四个字，看看会得到什么。成百上千个目的地弹开在你眼前，光中国就占了十几个，而我却单单选择了河北省秦皇岛市昌黎县的黄金海岸来作目的地，正是因为那里有着全世界最孤独的图书馆……

“孤独”从何而来？位置！由于图书馆的位置较为独特，在距离大海只有 50 米远的沙滩上，且与城市的图书馆相比，馆内藏书并不充足，与其说是个图书馆，还不如叫大点儿的书报亭，所以开放后并未吸引大量读者，故此得名

无际的大海，冬季的渤海湾。（摄于 2018 年 1 月）

全世界“最孤独的图书馆”。然而，互联网却把它推向了巅峰，以“孤独”为题，吸引了一批又一批慕名而来的游客，以致现在因实际承载量有限，都要靠身份证实名预约才可进入了，一人一证，一年一次。如此复杂的程序不免会让很多“读者”望而却步，那还有什么简单的方法能到此一游吗？俗话说靠天吃天，当地也是靠馆吃馆，因此，另一个方法就是住宿。他们在这里建了一个度假区，叫阿那亚黄金海岸社区，是一个全资源滨海旅游度假综合体社区。凡是入住在此的客人，无论是当地居民还是外地游客，都可凭借社区居住证或酒店房卡免预约自由进出图书馆。不知是图书馆带动了社区的经济，还是社区赐予了图书馆更强的活力。

从高铁站出来，我叫了辆出租车就直奔了阿那亚。去时的路上内心还会有些顾虑，因为之前我在某点评网站上关注过这个度假区，它是一个集酒店住宿、餐饮娱乐、购物休闲于一体的综合社区，但是哪个方面的评分都不是很高，有

面朝大海，静待花开！（摄于 2018 年 1 月）

说服务不好的，有说价格高得离谱的……可当我真正抵达后，才发现是自己多虑了。先说说酒店前台，她会根据我是否为首次到访而给予相关建议并递上欢迎饮品，这个季节是暖身的姜茶（阳历一月初，正值北方的隆冬时节）。之后，在介绍酒店周边情况的过程中，工作人员还会特意拿来地图做详解，并把海滩、餐厅、娱乐区统统都标注出来，当然必不可少的是图书馆。前台的服务热情全面，直到把我送进电梯为止。下面再说说客房部，我入住后，客房服务员很快就会把净化器和加湿器送到房间，并把室内各种设备的操作方法进行简单的说明，比如地暖的开启和关闭。最后来说说房价，我清楚地记得是 700 元 / 天，这个售价在冬季来说确实不算便宜，但还没离谱到不能接受的地步，毕竟截至目前，从软件服务到硬件设施上，我都可以给到 90 分。待一切妥当后，我开始了午后的休闲时光。打开阳台门，走到室外 8 平方米的露台上，面朝大海，吹着刺骨的海风，我满脑子想着的是下一步应该去哪里填饱肚子。这的确是个大问题，因为现在正值北方海滨城市的旅游淡季，大部分餐饮店还是没有开张的。

就这样，我在寒风中漫无目的地摸索着，好在没走多远就看到路旁有一家“帐篷餐厅”正处于营业状态，于是，我三步并作两步地跑了过去，在他家解决了午餐。这家餐厅本来主推的是海鲜蒸锅，但我一个人显然是吃不了的，只能应应景吃个小火锅，虽然食材一般，但我吃完还是感觉浑身充满了能量，顶风前进都不那么冷了。

按照地图，我慢慢悠悠地溜达到了传说中的图书馆。远远望去，它算不上是一栋漂亮的房子，外形的设计极其简单，整体结构是灰色的砖墙，就像海边一块巨大的礁石，像大地艺术和这片海域沙滩之间的一个联系，也像在环境中自然生长出来的，又天然蕴含着人类某种体验的一个物体，而恰恰又是这个单纯的外壳所孕育出的强烈神秘感，给人一种对其内在无限揣摩的暗示。我曾浏览过图书馆设计师董功的微博，他在接受采访时是这样说的：“这个建筑出来，它就变成了这个地球上存在的东西，变成这个地球上特殊的地方。它超脱房子的概念，是一处场所。在它里面，会有神奇的事情发生，无论这个事情源于光、旷景、海、气象，还是里面空气的流动，你都会感受到它的气场。它的存在本

这就是传说中的图书馆，离海边真的很近。（摄于 2018 年 1 月）

上下通体的玻璃窗、皮座椅，以及并不充足的馆藏书籍！（摄于 2018 年 1 月）

身就是它的意义。”

走进图书馆，我点了杯美式，坐下来一边喝着，一边四处打量着这座神秘的建筑。馆内共分三层，不多的书架上摆满了图书，首层靠近海的一侧是上下通体的玻璃窗，窗前码放着一排皮质座椅，二层、三层亦是如此。坐在这里的人，透过玻璃窗，可将大海尽收眼底。为了防潮，图书馆还特别配备了除湿装置，但你却找不到一根水电线路，都是预先埋在地下的。再向上看，顶部布满了玻璃天窗，午后时分，阳光会透过这些光筒投射进来，影影绰绰，这就是整座建筑的主要采光源，源于自然。我还注意到，馆中的读者或坐或立，无论是专心阅读还是打卡自拍，全部寂静无声。在这个几年都很少能读完一本书的年

午后的阳光就是通过这些天花板上的光筒投射进来的。（摄于 2018 年 1 月）

代，他们却能远离聒噪的都市生活，来到这里，安静下来，享受那份属于自己内心的简简单单。依我看，与其说“孤独”，不如叫“一个人的狂欢”。

在图书馆坐了整整一个下午，直到晚饭时间我才出来，此时的户外温度已接近冰点，吹来的海风中都夹杂着海水的湿气，在脸上胡乱地拍。走了不大一会儿，路过一个小酒馆，不论去哪里都要到当地酒吧坐坐的我，现在正好犒劳一下自己的胃。进入餐吧，这里的装修风格是典型的西式 PUB（酒吧），我随便找了个靠窗的高脚桌坐下，开始点单。可能是开在度假村的原因吧，又加上这个季节游客较少，服务员的热情指数明显下降，比如说我想点杯当地特饮，他不耐烦地告诉我说特饮的口感像果汁，不适合男生，于是推荐了一款名叫“dreamer”的鸡尾酒，然而喝起来还是很像果汁。再比如说结账这件事，要么在点单后，要么在用餐后，我吃到一半时服务员过来买单，是不是有点不太礼貌呢？总之，我对这家餐吧的印象不是很好，也就主餐牛肉汉堡还不错，两手举着大口啃的感觉好爽！酒足饭饱，透过落地玻璃看着窗外夕阳余晖下的海边图书馆，此刻的它确实有种别样的孤独……

回酒店的路上，夜幕下的黄金海岸一片漆黑，我听着海浪有节奏地拍打着沙滩，顿悟“孤独”的含义：孤身一人，独自逍遥。

“从明天起，做一个幸福的人，喂马、劈柴、周游世界；从明天起，关心粮食和蔬菜，我有一所房子，面朝大海，春暖花开……愿你有一个灿烂的前程，愿你有情人终成眷属，愿你在尘世获得幸福，我只愿面朝大海，春暖花开！”这是海子在1989年写的一首抒情诗，描述了他内心对幸福的向往而又身陷孤独凄凉之中的现实状态。当你厌倦了城市的熙熙攘攘，想找寻一份心底的宁静，那就放下工作，抛开烦恼，出发吧，在“孤独”的路上静待花开……

夕阳余晖下的海边图书馆，确实有种别样的孤独……（摄于2018年1月）

2

自然与人文并存的南方

微信扫码

足不出户带你“吃遍”人间美味

配套音频 高清美图

作者感悟 杂感随笔

山山水水湘川行

2013.10.10—2013.10.20

每每提及湖南、四川，大多数人都会很自然地联想到两个地方：张家界和九寨沟。民间素有“张家界归来不看山，九寨沟游完不看水”的说法，但事实情况又是如何呢？正所谓萝卜白菜各有所爱，其实这种何为之最的结论也是因人而异的，那么我就来谈谈自己的游历吧。

我的航班是中午从北京起飞的，两个小时后到达长沙黄花国际机场。下了飞机，我简单地整理下行李，便开始了旅途。作为吃货的我，第一站就是荣获过中国最大餐厅美誉的“西湖楼”。从机场出发，大概40分钟就到了地方。走进里面，整体布局让我马上联想起了北京前门的金街（2007年修缮后的），而建筑风格上又穿越到了山东济宁曲阜的孔庙，古色古香，算得上是不拘一格了。吃过饭，我将行李寄存到酒店，开始在周围闲逛起来。一晚上，我听到最多的声音就是街边商贩扩音器里传出的 slogan（口号）：“不吃长沙臭豆腐就等于没来长沙！”只可惜我晚餐吃得太饱，不得不错过这满大街的美味，早早回房休息，留点遗憾下次弥补。毕竟，长沙仅是过路站，我此地行程的重点是张家界。

出于经济因素的考虑，这次我选择的是一家商务快捷酒店。打开房门后，形形色色的小名片儿满地都是，最远的离门口足有两米，这得是何等娴熟的“见缝插针”技术才能达到这样的距离！好在没有什么故事发生，洗漱睡觉！

因为第二天飞张家界的航班是晚上的，所以白天仍有大半天的时间待在长沙，于是我又探索了两个地方：中国历史上赫赫有名的四大书院之一——岳麓书院，以及国内首座集简牍收藏、保护、整理、研究和陈列展示于一体的现代化专题博物馆——简牍博物馆。

岳麓书院坐落于长沙湘江西岸的岳麓山脚下，离我下榻的宾馆不是很远，驾车 15 分钟。进入景区后，为环保考虑，我需要换乘几次景区内的巴士，但车程都不是很长。至于书院的简介，网上写得再详细不过了，无须我过多赘述，只想强调一点：作为世界上最古老的学府之一，其古代传统的书院建筑至今仍被完整地保存下来。这里的每一组院落、每一块石碑、每一块砖瓦、每一枝风荷，都闪烁着时光淬炼的人文精神。今天的书院不仅是湖南大学文史哲人才的培养和研究基地，更是整个长沙市的文化窗口和文化名片。

参观完书院，我找地方吃了个午饭，下午就乘车去了简牍博物馆。博物馆占地 14100 平方米，在 2017 年被国家文物局评为了国家一级博物馆。馆内分为上下两层，藏品主要是 1996 年长沙走马楼出土的 14 万余枚三国孙吴时期的纪年简牍和 2003 年发现的 2 万余枚西汉初年的纪年简牍。

结束大半天的游览后，我直奔机场，飞往此次行程的重中之重——张家界。

张家界，原名“大庸市”，位于湖南省西北部，属武陵山区腹地，是湘、鄂、渝、黔革命根据地的发源地和中心区域，也是中国重要的旅游城市之一，

通天门户——天门洞。（摄于2013年10月）

尤以“各种山”闻名！

到达张家界的第二天，我很早便起了床，力争能在山上停留的时间多一些。说个题外话，正如我前面所讲的，张家界地处山区腹地之中，那么山区除了有美食、美景之外，不免也会“盛产”很多蚊虫。就在昨晚，当我来到当地一家民俗的馆子享用抵达后的首顿“大餐”时（到现在我还清楚记得餐厅的名字，在此就不做“宣传”了），突然有一个黑乎乎的椭圆形物体迅速从眼前滑过，我定睛一看，顷刻间毛骨悚然，一只身长约 8 厘米的“小强”正在桌上肆无忌惮地溜达……我瞬间食欲全无，即刻叫来店家理论，得出的结论却是地理环境特殊，当地人早已见怪不怪了，不敢说是这边餐厅的普遍现象，但绝不是他家独有。所以我想表达的就是，如果你也和我有相同的心理障碍，切记出行前要做好充足的心理准备，否则，你美食探索的任务就要被迫中止了。言归正传，这天上午，我先去的是天门山风景区，也叫天门山国家森林公园。它位于城区南郊 8 公里处，是山岳型自然景区，占地 96 平方千米，山顶面积可达 2 平方千米，也就是说如果你想绕着山跑一圈的话都要个把小时！主峰海拔 1518.6 米，是典型的喀斯特地貌。据当地人讲，我来的时候正巧赶上张家界的好天气，能够极目远眺，视野极为开阔，希望他不是逢人都这么讲的。山上的亮点之一是玻璃栈道，这是我第一次体验空中的栈道，起初内心还有些许忐忑，但走过之后顿感 just so so（一般般），不过如此嘛。因为，在短而窄的一条栈道上挤了满满的人，想找个地方拍照都挺有难度的，这样的情况下，恐惧和趣味必然会降低不少。亮点之二则是天门洞，这是世界上海拔最高的天然穿山溶洞，南北对穿，门洞高 131.5 米，宽 57 米，深 60 米，拔地倚天，宛若一道通天的门户。从古至今，有不少帝王将相、隐贤逸士、高僧道长、文人墨客都曾来探访游赏过，之后又经世代累积，才形成了如今天门山独特厚重的“天文化”。假若运气够好，能再赶上个“天门吐雾”“天门霞光”这样举世罕见的景象奇观，那可真是不虚此行了！虽然我没能碰到，但却赶上了第二届翼型表演秀，一大堆架着“长枪短炮”的新闻媒体把道路封了好久。在我看来，这样的show（表演）着实是用生命在进行演绎，成功了就是绝世佳作，失败了就剩“绝世”了……

其实天门山景区还有另一大乐趣，就是山路。由于时间紧，我一早是坐索道上来的，既节约体力，又节省时间，但从山上平台向山脚下望去，九十九道山弯的视觉感相当刺激，可谓中国的秋名山。在北京市区生活的我，早已对大中型城市的地面交通感到绝望，因为无论你是开着三四万元的代步车，还是三四十万元的中端车，甚至是三四百万元的豪车，都在路上堵着；无论你百米加速的时间是3秒还是13秒，到达目的地的时间都是相同的，毫无驾驶乐趣可言！所以，当我一看到这样的山路，肾上腺素就不由得激增，喜欢自驾的朋友，不妨可以来挑战一下！

天门山的九十九道山弯，看着就那么刺激！（摄于2013年10月）

简单地吃过午饭（昨晚的经历让我再没有丝毫探索美食的欲望），下午我就去了张家界国家森林公园。这是我国的第一个国家森林公园，被联合国教科文组织列入了《世界自然遗产名录》，2004 年又被列入了全球首批《世界地质公园》。诸如此类的头衔还有不少，我就不一一列举了。园内有奇峰 3000 多座，森林覆盖率高达 98%，形成了完美的自然生态系统，被称为“自然博物馆和天然植物园”。走在公园里，空气中的负氧离子含量很高，人体感觉特别舒适，难怪说到这里的人，每多待一分钟就能延寿 3 秒，是不折不扣的天然氧吧和休闲避暑的理想之地！朋友圈里有不少人都在调侃，常住于此是不是就能长生不老了！当然，这样的地方必然是逃不过艺术家们的视线，国际著名导演詹姆斯·卡梅隆拍摄的电影《阿凡达》，片中的取景地就是在这片群山之中，

“不再看山”的张家界，奇峰座座的国家森林公园。（摄于 2013 年 10 月）

之后园区还在某处观景平台上摆放了电影人物的模型，从而也使更多的观光客前来合影，其中就包括我。

号称“不再看山”的张家界肯定不能只有这些景色，若从空中俯瞰武陵源区，大致可分为三处景区，分别是张家界国家森林公园、天子山自然风景区和索溪峪自然保护区，这三处景区的位置恰好构成了一个“品”字形结构，呈三足鼎立之势，今天我所看到的只是其中之一，另外那两足将是我接下来的目的地。

天子山位于武陵源区西北部，原名青岩山，明朝初期，因土家族首领向大坤在这揭竿起义，自号向王天子，后人便更名为天子山。此山尤以云海、石涛、冬雪、霞日最为壮观，山里遍布着古老的亚热带原始次森林，奇树异木比比皆是，珍禽异兽无处不见，是集动、植物之大成的天然动植物园。我一早到了景区，放眼望去，人山人海，摩肩接踵，排个摆渡车都要 40 分钟，没办法，适逢金秋时节，旅游旺季，在所难免。好不容易上了车，却只能站完全程。如此一来，再美的景致都会在熙熙攘攘的人群之中黯然失色，使人无心驻足欣赏。走马观花式的游览结束后已是下午两点（没记错的话我应该是 8:30 进入的景

云雾之下的天子山，透着一种别样的朦胧美！（摄于 2013 年 10 月）

区），草草地吃了个午饭，我又赶忙奔赴了下一个景点——黄龙洞。

黄龙洞位于索溪峪自然保护区东部，镇东 7 公里处的一座山腰上，也叫黄龙泉。相传，清代乾隆年间发生百日大旱，当时的著名法师何俊儒率徒儿进入洞中求雨，却不幸全部遇难丧生。临终前，何老司留下一句话："干死当门田，莫打黄龙泉。"自此，黄龙洞便无人问津。不过，随着现代科学技术的日趋先进，1983 年黄龙洞又正式对外开放了。

景区以立体的洞穴结构、宽阔的龙宫厅、数以万计的石笋、高大的洞穴瀑布，以及水陆兼备的游览线等诸多看点构成了国内外颇有特色的游览洞穴。洞中有洞，洞中有河，里面遍布了各种由石灰质溶液凝结而成的石钟乳、石笋、石柱、石珍珠、石珊瑚等洞穴景观，好似一座地下"魔宫"，尤其是它高阔的洞天、幽深的暗河、悬空的瀑布、密集的石笋等特级旅游资源，具有很高的观赏和科研价值。

因为终年得不到阳光照射，洞内阴暗潮湿，气温比外面要低很多。即便是在炎炎夏日，身在其中，也能感到丝丝凉意，更何况是十月的金秋。好在我提前准备了冲锋衣，现在正好能派上用场。走在洞中要多加小心，虽算不上伸手不见五指，可一不留神崴个脚、磕个头的现象还是屡有发生的。但为了景观可持续性发展的方针，不到迫不得已，智能手机的照明功能还是不用为好。洞中的河流被开发成了水路项目，全长 800 多米，乘船游览的话，时间是 20 分钟。下船后，要是方向感和敏捷度够好的话，还可以爬一爬步道，一般说来这样的体验我是乐此不疲的，但一想到晚上还有个表演要观看，就放弃了。

看过爆笑电影《心花路放》的朋友肯定都知道这个表演，没错，就是由中国实景演出创始人梅帅元先生导演的实景魔幻巨作《天门狐仙》。梅导的实景演出我在不同的城市看过几场，可以说是场场经典，但你若想实实在在地感受视觉冲击与心灵震撼，还得亲临现场。演出地点在天门山大峡谷，山区腹地，昼夜温差较大，这个季节的晚上还是要穿件厚外套的。

黄龙洞里的景观。（摄于2013年10月）

行程的第四天我就要离开张家界了，一大早驱车 5 个小时赶回长沙，直飞天府之国——成都。你若问我张家界的山到底美在哪里，我不知该如何回答，就像我开始说的，这种定义是仁者见仁，智者见智的。但我可以告诉你哪些地方令我记忆犹新，比如天门山的九十九道山弯，让人有发自内心想要去自驾征服它的欲望；再比如兼备了水陆游览线路的黄龙洞，它和这里层峦叠嶂的山峰形成了鲜明的对比，山中洞内，宛若另一个天地；还有就是那只“打不死的小强”，它毁了我全程的食欲！

由于我当天飞成都的航班又是晚上的，所以入住酒店时已是午夜 11 点，一番洗漱过后，倒头便睡。这里要说一下我在四川的游览路线，先飞成都，但实际只是过夜转机，紧跟着第二天晚上就又飞九寨沟了，然后过两天再返回成都继续游览。听着很折腾，但毕竟成都飞九寨沟的航班不是每天都有固定的时段，而且当地一些景区的门票也需要预约，所以如此操作更便于我整体行程的规划。况且，这样一来，我无形中还多了大半天的时间在成都，刚好可以去看看国宝大熊猫！

憨态可掬的大熊猫正在悠然自得地往嘴里塞竹子。（摄于 2013 年 10 月）

成都大熊猫繁育研究基地是中国政府对大熊猫等濒危野生动物实施迁地保护工程的主要研究基地之一，是我国乃至全球知名的集大熊猫科研繁育、保护教育、教育旅游、熊猫文化建设于一体的大熊猫等珍稀濒危野生动物保护研究机构。这里和动物园有何区别？从物种上讲，没有！但是，在人与动物的距离上会更近一些，近到可以触手可及。尤其是在小熊猫观赏区，当有团毛茸茸的东西从你身边悄悄溜走而又不小心碰到你脚踝的时候，不用怀疑，那就是它们。相对来说，大熊猫就没有这般灵敏了，大多数时间它们都是在悠然自得地往嘴里塞着竹子，或是蜷缩在树下打着鼾，用除了吃就是睡来形容它们再合适不过了。但每当你看到大熊猫这憨态可掬的样子时，也都会不自觉地嘴角上扬。

在熊猫基地玩了近 4 个小时，离开后我就直奔了机场。

近在咫尺的小熊猫。（摄于 2013 年 10 月）

成都到九寨沟的距离很近，只有 300 多公里，从起飞计算也就 40 分钟，但我下榻的宾馆离机场倒是蛮远的，开了近两个小时……之所以选择住在这里，是因为这儿离我接下来要去的地方较近，无形中可以节省大把路上的时间。但是，甘蔗没有两头甜，这边的住宿条件可就一般了，应该是当地环境特殊吧，房间热水并不是 24 小时的，要想洗热水澡，还得赶早儿，最晚只供应到 23 点，不知现在的情况有无改善。不过九寨沟的海拔相对于平原高出了不少，不洗也罢，否则在高海拔地区着凉感冒，旅行耽误不说，身体恐怕都吃不消！

到九寨沟旅行当然是来看水的。所以隔天一早，我就开始了重点行程——九寨沟国家级自然保护区。这是我国第一个以保护自然风景为主要目的的保护区，也被世人誉为“童话世界”“水晶之王”。它地处青藏高原、川西高原、

“不再看水”的九寨沟，美得就像一幅画。（摄于 2013 年 10 月）

山地向四川盆地过渡地带，森林覆盖率超过80%，是一条纵深五十多公里的山沟谷地，因沟内有树正寨、荷叶寨、则查洼寨等九个藏族村寨坐落其中，从而得名“九寨沟”。景区面积很大，占地64297万平方米，里面大大小小散布着诸多景点，以高山湖泊群、瀑布、彩林、雪峰、蓝冰、藏情六大元素合称的“九寨沟六绝”为主，搭配着呈“Y”字形分布的长海、剑岩、诺日朗、树正、扎如、黑海六大景观，以及由泉、瀑、河、滩108个海子构成的五彩斑斓的瑶池玉盆， 这所有的融合足以让“九寨归来不看水”的说法更具说服力！为方便各个景点间的衔接，景区还特意提供了交通工具，大致分为三种：循环摆渡大巴、“私人订制”小巴、“11路”（步行）。循环大巴不用解释了，和其他景区大同小异。“私人订制”要说明一下，它原本是种预约制包车，说白了就是多花一点钱，这辆车就属于你或你的团队，只为你们服务，这样一来，各个景点的自由度就会更高一些，也不需要在候车区和其他游客挤来挤去，听起来是不是很VIP？但不晓得大家有没有关注过国庆黄金周的新闻（2013年），由于九寨沟的最佳游览时间是秋季，那么七天的长假自然会让这里人满为患，里里外外挤得水泄不通，那场面简直太可怕了。所以从那时起，景区就不再允许预约包车了，如有特殊原因确实需要这项服务的，只接收当日申请，且严格限制每日的包车数量。还好那天我的“人品爆棚”，约到了，就是取票的时间很长，30分钟的等待，这还是工作日的早晨，看来大家都很闲啊……但是，当我进入景区以后，目睹到眼前美景的那一刻，发现之前所有的等待和周折都是值得的，因为随便一处都是风景，随手一拍都是大片。此时，我只能感叹时间飞逝，根本舍不得让应接不暇的眼睛歇息半刻。印象中，有一张照片我拍的是天空和群山在湖泊中的倒影，回去放到冲洗店冲洗出来后，拿在手里乍一看去，很难分清正反，到底该怎么摆呢？这就好比生活中的真真假假、假假真真，重点不是它本身，而是你看待它的角度，也许换个方向，就是对的！

短短一天的游览对于九寨沟而言显然是仓促的，但时间有限，次日还要征

难以分清正反的九寨沟。（摄于 2013 年 10 月）

服黄龙，我不得不把遗憾留给下一次旅行来弥补。

回到住地用过晚餐，我赶忙跑进房间冲了个热水澡，慵懒地躺在床上，真舒服啊！提示一下，虽然当地海拔算不上很高，但还是不要吃得太饱，这样会给肠胃功能造成负担，不利于消化，而且洗澡后一定注意不能受凉。我若不是有中度洁癖，才不稀罕挑战自己的免疫力呢……

游黄龙的那一天现在回想起来还是挺苦的。首先，它与九寨沟相距 100 公里，路上又有点堵车，单程开过去就用了三个小时。其次，黄龙景区称得上是我国唯一一处保护完好的高原湿地，海拔 1700 ~ 5588 米，真的升高了许多。虽说之前我去过青海的日月山、青海湖，云南的玉龙雪山、香格里拉，西藏的唐古拉山、羊卓雍措，但在这里还是出现了些轻微的高反，喘着粗气，脑袋隐隐作痛。去时的路上，旁边随处可见一些出售氧气瓶等抗高反的装备和药品的商铺，如果为消除忧虑，可以买上一罐以防万一，但我建议能扛则扛，因为一

高原上的湖泊——黄龙。（摄于 2013 年 10 月）

旦吸上，身体就会产生依赖性，更加举步维艰。

从景区构成来看，黄龙风景区是由黄龙沟、丹云峡、牟尼沟、雪宝鼎、雪山梁、红星岩等景区组成的，其中尤以 3.6 公里长的黄龙沟为主要景观集聚地。沟内遍布着碳酸钙华沉积，有“七绝”之称，分别为彩池、雪山、峡谷、森林、滩流、古寺、民俗。有人不禁会问，如此美丽的地方，一天的时间够吗？其实，如果你想在一天之内把黄龙的主要景点都走遍，也不是没有这个可能，但那不光需要强大的毅力和过人的身体素质，更要具备极好的抗高反能力，这三点缺一不可。我是没有完成，因为我进入景区时已是下午，毕竟一早赶了三个小时的路，到这就中午了，所以建议大家提前一天到附近找个旅馆住下，这样可以节省出次日上午的时间来。那黄龙到底美不美呢？说不美肯定是假的，但就我而言，相比昨日的九寨沟，这里还是略逊一筹。

就这样结束了两大风景区的游览，我赶次日最早的一个航班飞回了成都，

继续那里的旅行。总的来说，这次行程中我见识到了多种形态的美景，想告诉身边每一个喜爱旅行的朋友们：你若爱山水，那么可以来这里旅行，因为这里有九十九连弯的天门山，有水陆兼备的黄龙洞，有清透斑斓的湖泊水，有高原湿地的五彩池；你若不爱山水，那么可以来这里旅行，因为这里有象征着中国文明的岳麓书院，有历史悠久的简牍博物馆，有触手可及的国宝大熊猫，有代表人类智慧的水利工程都江堰；你若偏爱美食，那么可以来这里旅行，因为这里有打破纪录的西湖楼，有嗤之以鼻的臭豆腐，有蜀地正宗的四川火锅；你若喜爱文娱，那么可以来这里旅行，因为这里有大型的实景演出《天门狐仙》，有扬名海外的川剧《变脸》……琳琅满目的 ABCD，众口难调，你的爱与不爱，对你的到此一游，还真的有影响吗？

总之，无论你的喜好是什么，都可以到美丽的四川与湖南来，因为这里有不光看山的张家界，还有不仅看水的九寨沟……

微信扫码
足不出户带你“吃遍”人间美味
配套音频 高清美图
作者感悟 杂感随笔

从首都到古都

2019.08.22—2019.08.25

提到中国的首都，全世界 99% 以上的人张口就会答出“北京”。那要说到中国的古都，能列举出来的可就很多了，比如中华文明的中心，最早的都城安阳；5000 年前，中华人文始祖轩辕黄帝的出生地郑州；历史上建都朝代最多、时间最长、影响力最大的西安；当然还有 3000 多年建城史，800 多年建都史的北京……而我今天的目的地是从当今首都南下 1000 公里以外，集美食、历史、文化于一身的古都——南京。

一大早，蓝天白云，阳光明媚，我背上行囊，叫了辆滴滴，直奔北京南站。现在的高铁出行确实方便很多，1000 多公里的距离，四个小时就到了，不愧为举世瞩目的“中国速度”！出了南京南站，我做的第一件事就是在自助机上买了张纪念版地铁卡，不知从何时起，已渐渐习惯了地铁出行，特别

大报恩寺琉璃宝塔上拍到的南京市区，既有时尚的高楼大厦，也有传统的民宿民居。（摄于 2019 年 8 月）

是在旅途中，或许只有这样做才能更加接近目的地的生活，像土著居民一样活动在这个城市里。

从火车站到我入住的地方不是很远，坐地铁不一会儿就到了。我选的酒店位于夫子庙秦淮河观光带附近，位置很好，主要是热闹。前台的服务也很到位，不仅安排了我偏好的楼层，还附送了欢迎点心，一切都尽如我意。

众所周知，南京是座历史文化名城，这有故事的城市自然都少不了美食的遗留，所以我要在文化游之前先满足一下自己的味蕾。毕竟，吃饱了才有力气去研习嘛！第一站我来到了老门东，它位于秦淮区中华门以东，也就是古时南京城南门以东，故称“门东”。总占地面积约 70 万平方米，历史上一直都是夫子庙的核心功能区域之一。这里不光开设了金陵刻经、南京白局，以及手制风筝、提线木偶等一系列的民俗工艺，还推出了多种南京地区传统的美食小吃，鸡鸣汤包就是其中之一，它的历史可以追溯到 1958 年，那时的汤包还是由一位名叫居银根的苏州师傅制作的。他在原有苏式汤包的基础上，运用发面工艺，讲究三分活面七分死面，来保证里面的汤汁滴水不漏，而在馅料上则选用了肌肉发达的猪前腿肉，以确保肉馅儿嚼在嘴里鲜美到胃。如此制作出来的汤包再经世代流传，才一举成为了今天家喻户晓的南京名点。我按照步行的导航摸索着来到了这家店的门口，“鸡鸣汤包”四个大字赫然醒目。走进里面，店面儿还真不小，上下两层，这在包子铺里算少有的。我点好单后来到二楼坐下，没多久汤包就上桌了。从外表看去，包子个个晶莹剔透，我可以清晰地看到里面的肉，可见馅儿有多大，皮儿有多薄。吃第一个的时候，我没蘸任何佐料，为的就是要品品它的原汁原味。咬上一口，汤汁在我的嘴里来回流淌，鲜香味道极其浓郁。难怪说赶上高峰时段包子铺会座无虚席，等位一两个小时都是常有的事。

吃了个半饱，我在老门东又闲逛了一会儿，拍了些照片，就离开了。8月

薄皮大馅的鸡鸣汤包，咬上一口满嘴留香！（摄于2019年8月）

份的午后走在南京的大街上是痛苦的，中国火炉的称号可真不是徒有虚名，刚刚那点儿包子瞬间就在这骄阳烈日下消耗殆尽了。于是我一边向地铁站走着，一边思考着下一站该去哪里吃……

凡是来过南京或是关注过这里的朋友都知道，在夫子庙秦淮河观光带周边有很多特色小吃和百年老店，“清真·金同记”就是网评颇高的一家，也是我在这里总共待了四天却光顾过三次的一家，到最后连老板娘都认识我了。金同记始创于1910年，秉着清真餐饮的原则，它家的菜品均以牛羊肉为主料，结合传统秘方工艺，为广大民众提供火锅、锅贴、馄饨、赤豆元宵、糖芋苗等多元美食，让大家不仅能亲身体验到伊斯兰的饮食文化，还能感受到穆斯林人民的豪爽和好客的风范。南京最早的一家金同记开在太平南路针巷，直到拆迁为止，经营了近20年。这家紧靠夫子庙小学的是家新店，但味道一如既往，因为即便是在巷弄深处，也不缺纷纷而至的食客前来品鉴。餐厅门口摆放了很多绿植，室内宽敞明亮，桌椅干净整齐，让人从刚一进门就倍感舒适清新，有种回家吃饭的感觉。牛肉粉丝汤是它家的招牌，里面的筋、肚、肠都是事先卤好的，味道那叫一个通透，特别是牛肉，嚼劲儿十足。除了主打菜，我还点了牛肉锅贴、赤豆元宵和小馄饨。锅贴可以说是我吃到过的最好吃的，馅儿大味儿正！赤豆元宵也必须点赞，浓浓的桂花香，配上甜度适中的红豆白糖，相当好喝。最最关键的是，这一系列吃下来才60块钱，份量多到你要扶墙出，大写的“物美价廉”。所以说，吃东西，要找对地方。原本我以为自己会不习惯江浙菜的清汤寡水，谁曾想现在却要担心刚刚瘦下去的2千克是不是要double extra（加倍）了……

说了这么多吃的，其实吃货也是爱历史的。既然此行是美食、文化之旅，我肯定得先吃好后才能踏实“学习”呀，这不，第二天的行程就安排得相当有深度，总统府、南京博物院、大报恩寺、玄武湖，统统要签到！不过恕我直言，南京人民的pace（节奏）真的好慢啊，就拿早餐来说吧，稍微像点样的馆子

百年老字号『咸亨酒店』的南京盐水鸭，咸淡适中，皮滑肉嫩。
（摄于2019年8月）

都要8点以后才营业。我好不容易找到一家已经营业了的还算有点小名气的早点铺，进去后却发现满屋子的客人都在等餐，因为厨房里就俩人忙活，而且就等餐这工夫在北京足以吃上顿正餐了。难道这座城市的生活节奏都如此之慢吗？好适合退休养老啊。

吃过早餐，我便开始了真正意义上的历史文化之旅。第一站是位于玄武区的南京总统府，它是中国近代建筑遗存中规模最大、保存最完整的建筑群，也是南京民国建筑的主要代表之一，中国近代史的重要遗址。总统府距今已有六百多年的历史了，历经明清两代，直至民国1912年1月1日，国父孙中山先生在此宣誓就职中华民国临时大总统，辟为大总统府，之后才被命名为南京国民政府总统府。我从地铁站出来，走了大概15分钟，就到了总统府的入口处。

远远看去，游客多得不得了，好在我在网上预购了门票，不仅有优惠，还节省了大把的时间，拿着身份证直接排队入场就 OK 了。否则，你需要先排“长龙一号”去买票，再排“长龙二号”等入场，无形中浪费了很多时间。走进总统府里，建筑群的整体面积不小，占地约 9 万平方米，既有中国古代传统的江南园林，又有近代西风东渐的建筑遗存。在参观上可分为三大区域：中、西、东。中区就是所谓的中轴线，主要是国民政府、总统府及所属机构；西区是当年孙中山先生的临时大总统办公室、秘书处和西花园；东区则是行政院旧址、马厩和东花园。一系列的展馆和史料陈列，都分布在这三个区域当中。我走马观花式地转了一圈，历史能记住多少不敢说，热到窒息倒是印象深刻。因为所有室内场所均未安装空调，“制冷”全靠大风扇。此般酷暑不得不使我加快了脚步，简单参观后便前往了下一站。

第二站是中国三大博物馆之一的南京博物院，其前身是民国二十二年蔡元培等人倡建的国立中央博物院，是中国创建最早的博物馆，也是第一座由国家投资兴建的大型综合类博物馆。现今馆内主要分为五大展厅：历史、民国、艺术、非遗和数字，想必总有一项会是你感兴趣的。然而在这我就不得不吐槽和褒奖一下了，褒奖的是北京的故宫博物院，每逢寒暑假或是黄金周的法定节假日，午门前就人山人海，从东到西地列了不下 20 支队伍，无论你排哪一支都得四五十分钟，若想抖个机灵插个队，门儿都没有。但今天，当我见识到了南京博物院的入馆流程，才发现故宫的运作是多么的完美高效！因为在这里，没有固定的队伍可言，大家都是乌泱泱地往里挪，等挪到室内了，就看见工作人员了，也才开始有了“所谓的”队伍。什么叫“所谓的”，因为即便是工作人员指挥你排列的那支队伍也不一定是正队，到最后很可能是要插到其他主队里面的，可在交叉点却没有任何工作人员做疏通和协调了，那么就时常会听到有人因为插队的问题而发生争吵。好在逛完以后，民国馆的展厅还令我眼前一亮，也许是离现在的时代最接近吧。不过，虽然博物院的室内开放了冷气，但依旧很热，不愧为节能减排“先进”单位！

从南博出来时已是下午两点，接下来我肯定是要去吃饭了。这里有家面馆，可以说是藏在街角处的美食，我跟着导航连问带打听地费了好大劲儿才找到它——祁大妈大碗面。别看面馆规模不大，餐厅的环境也比较low（一般），属于室内路边摊系列，但吃面的过程太有意思啦。我点了碗特色皮肚面，然后找了个地方坐下。它家的餐桌是一个呈“U”字形的圈，上面铺有“轨道”，有点像回转寿司，两头连接着后厨。等我的面条出锅后，一辆电动小汽车就会把面从后厨拉到我的座位前，当然位置都是预先设定好的。这样的传菜理念真的很新颖，口味上也没的说，要不怎么餐厅如此隐蔽还好评如潮呢。

午餐后，我直奔了秦淮区中华门外的大报恩寺。这是中国历史上最为悠久的佛教寺庙，也是迄今为止保存最完整的寺庙遗址，其前身是东吴赤乌年间建

小汽车来咯，“客官，您点的面到了！”（摄于2019年8月）

造的建初寺及阿育王塔，是继洛阳白马寺之后我国的第二座寺庙，也是长江以南地区的第一座佛寺。明永乐六年，寺庙不幸毁于一场大火。四年后，为纪念明太祖朱元璋和马皇后，明成祖朱棣下令在原址重建此寺，工程总耗时十九年。重建后的大报恩寺规模极其宏大，有殿阁 30 多座、僧院 148 间、经房 38 间，是我国有史以来规模最大、规格最高的寺院，堪称百寺之首。“南朝四百八十寺，多少楼台烟雨中”，诗人杜牧笔下的“四百八十寺”的起源就是大报恩寺。2015 年年底，遗址公园正式对外开放，参观区域包括了遗址保护区、大报恩寺遗址博物馆、大报恩塔等。在博物馆里，为了更好地参观，我租了个电子导览器，跟着它一路听下来差不多两个小时，无论中途错过哪些信息，只要走回原地，讲解就会重新播放，非常方便。室外的琉璃宝塔是可以乘电梯上去的，白天为观景平台，如果赶上好天气，视野还是很开阔的。到了晚上，琉璃塔周边的灯就会亮起来，也是个不错的拍照景点。

大报恩寺遗址公园里的琉璃宝塔。（摄于 2019 年 8 月）

游完大报恩寺，正好下午五点半，这个时间有点尴尬，吃晚饭太早，可是要去下一个地方又太仓促了，这该如何是好呢？经过一番考量，我最终还是决定继续行程，因为这样做能更好地错峰游览，于是就去了玄武湖公园。

顾名思义，玄武湖公园自然是在因玄武湖而得名的玄武区，它是江南地区最大的城内公园，也是中国最大的皇家园林湖泊，享有“金陵明珠”的美誉。公园东枕紫金山、西靠明城墙、北邻南京站、南倚覆舟山，占地总面积5.13平方千米，其中湖面面积为3.78平方千米，占园区总面积的四分之三，可见湖泊之广。别看就是这么个市区公园，它的作用还真不少，担负着生态景观、市民休闲、观光旅游、城市防洪排涝、城区河道生态补水等综合功能。我绕着公园溜达了一小圈，实话讲，感触并不深，可能是这样的景色在不同城市中出现太多了吧，而且都大同小异，对我这样的观光客而言，也就是签个到而已。

夜幕下的夫子庙秦淮河观光带，无论是周末还是平时，都人来人往。（摄于2019年8月）

晚饭后，回到酒店已是午夜11点，我洗漱完毕“瘫”在床上，不一会儿就进入了梦乡……

第三天的安排可以说是最具历史教育意义的，因为我整整六个小时都花在了钟山风景名胜区。这名字乍一听可能联想不到什么历史，但如果你了解里面景区的分布情况，就会恍然大悟。钟山风景区是以中山陵园为中心，明孝陵和灵谷寺作依托的国家文明风景名胜区，内部涵盖了各类名胜古迹200多处，像东吴大帝的孙权墓、第一夫人的美龄宫均在其中。说到这你是不是就和历史结合起来了。景区有两种游览方式，一种是靠走，另一种是坐摆渡车，我肯定是选择后者了。摆渡车也分单次和无限次的，依我看没差几个钱，不限次的最省事。这里我要强调一下，如果选乘摆渡车的话，别在首站买票，那队伍排得根本看不见尾，向山上走400米左右，就是第二个摆渡车站，那里也卖票，几乎没人。

『爱一个人，倾一座城』，于是就有了漫山遍野的法国梧桐。（摄于2019年8月）

在景区中我的参观路线是先明孝陵，再美龄宫，最后中山陵。明孝陵自然是讲明朝的那些事，我一个从北京过来的人还是可以说道说道的。1368 年，明太祖朱元璋建立大明王朝，定都南京。1381 年，明孝陵开始修建，1405 年竣工，历时近 25 年。陵寝占地面积 170 余万平方米，是中国历史上规模宏大的帝王陵寝之一。墓中埋葬的是明太祖及其夫人马氏，因皇后谥号孝慈高皇后，又因奉行孝治天下，故而得名“孝陵”。去过北京十三陵的朋友们对这里多少都会有点概念，就是两者相差了几十年，明孝陵神道的石像生看起来多了些许的沧桑感。

看完明朝开国皇帝的陵，咱们再瞧瞧民国时期的宫。“爱一个人，倾一座城，于是便有了漫山遍野的法国梧桐！”这是后人对蒋宋二人感情最实在的描述。每到秋天，从空中俯瞰小红山，叶子泛黄的梧桐树一棵连一棵，就好似一

变换的霓虹灯光下，醒目的南京眼步行桥。（摄于 2019 年 8 月）

条金灿灿的钻石项链，而那颗钻石，恰是国民政府主席官邸旧址——美龄宫。这是一座地上三层地下一层的重檐山式宫殿式建筑，外形为明清官式做法，顶覆绿色琉璃瓦，汽车可直抵大门，有“东方第一别墅”的美誉。走进宫内，地下是侍卫室、衣帽间；一层有接待室、秘书办公室；二层主要用作会客和休息；顶层则为居住区。这所有的一切让我只能用“奢华”二字来形容，不禁幻想着若是能在如此高大上的地方坐下来喝上杯咖啡，吃上几口点心，将会是怎样的一种享受。这不是在做梦，“宫”里真有个“第一夫人咖啡厅”，可以把梦实现。

离开美龄宫，我最后来到的地方是中山陵。切记要预约中山陵的门票，而且严格按照约定的时间进入，否则会在检票口尽显尴尬。中山陵是中国近代伟

大民主革命先行者孙中山先生的陵寝及其附属纪念建筑群。陵园建造工程开始于1926年春，耗时三年多完工，占地面积8万余平方米。孙中山先生的生平事迹我想不用我再过多陈述了，1911年10月10日，是他领导的辛亥革命开创了完全意义上的近代民族民主革命，继而正式推翻了清王朝的统治，结束了中国几千年的君主专制制度，建立起共和政体，传播了民主共和理念，推动了中华民族思想解放，并以巨大的震撼力和影响力促进了中国的社会变革。1925年3月12日，孙中山先生因病医治无效在北京逝世，临终前他要求效仿前苏联总理列宁的方式，保留自己的遗体并葬于南京，想以此来警示后人不要忘记辛亥革命，因为当时这里是临时政府的成立之地。但先生逝世之后，由于前苏联赠送的玻璃钢棺材没能及时运到，又因防腐技术有限，处理措施不当，孙中山先生的遗容不能再供后人瞻仰，最终不得不改为土葬。

到此为止，钟山风景区的主要景点我就都走完了，现在要找地方进食补水，因为从上午十点计算，我已经近六个小时滴水未进了。

王府大街上有一家江浙本帮菜必吃餐厅，叫眷江南之小蓝鲸，位置有点儿难找，但终究逃不过吃货的视线。晚市的开餐时间是下午5点，我4:55到的店，却仅占到了倒数第二桌，从4:58开始就要等位了。平心而论，餐厅的就餐环境着实一般，但菜品味道无可挑剔！鲍鱼粉皮、香芋仔排、手工南瓜馒头(和我拳头一样大小的馒头1元/个)，这些都是必点的！服务上也可以给高分，尤其是意识，店内所有的工作人员都积极主动，随叫随到。结账时，我搜到某点评APP上有优惠券，正要支付，美女店长马上递来个二维码，“来，从我这扫，比APP上还便宜！”

水足饭饱后，我顿感浑身充满力量，打算去看看南京的夜景，比如南京眼步行桥。它是长江上首座观光步行桥，总长827.5米，兼具交通和景观的特点，其独特的造型设计搭配着不停变换的霓虹灯光，在晚上分外醒目。到那里参观的最佳交通方式就是骑行，既方便快捷，又不用考虑自驾车带来的堵车和停车难的问题。只不过从最近的地铁 2 号线的元通站到南京眼步行桥的单程骑行距离是 4 公里，往返就要乘以二，快两年没骑过车的我，也真是拼了……

回酒店前，我没有忘记打卡旁边的必到之地——夫子庙秦淮河观光带，这也是我入住于此的首要原因。风光带是以夫子庙古建筑群为中心、以十里内秦淮河为轴线的一处开放式旅游景区。我想孔夫子的事迹对国人乃至世人来讲都不再陌生了，孔圣人的大名更是早已响彻海内外，孔子学院也是遍布了全球 154 个国家和地区。而作为四大文庙之一的夫子庙，不仅是明清时期南京的文教中心，也是居东南各省之冠的文教建筑群。每年的正月初一到十五，这里都会举办夫子庙灯会，又称“金陵灯会”，是流传于南京地区的特色民俗文化活动。灯会的世代延续，也已成为当今秦淮文化的重要组成部分。

周末的夜晚，秦淮河的两岸灯红酒绿，歌舞升平。街角旁的讨价还价，餐馆里的推杯换盏，游船上的嬉笑打闹，我穿梭在人群中，目所能及的一切都是国泰民安的喜庆场面。我很喜欢这里，喜欢这里摩肩接踵式的热闹，喜欢这里江南水乡般的夜色，喜欢这里地地道道的南京小吃！“老盛庆老鸭原汤鸭血粉丝”就是一家吃正宗鸭血粉丝的老店，店家将鸭血、鸭肠、鸭肝、鸭胗等加入老鸭汤煨制，在烹饪过程中充分发挥鸭肉的食疗作用，再配上粉丝，味道鲜美细嫩，鸭杂爽脆可口，自古至今都是国人推崇的一款经典美食。喝汤的同时，来俩鸭油酥烧饼，一甜一咸，那美味妙不可言！要说这鸭油酥烧饼可不同于一般的烧饼，它是用鸭油和面而制成的酥烧饼，选料、制作、火功、质量都非常讲究，出锅后层次分明，入口又香又酥，余味悠长。

就这样，短短四天的古都之行结束了，我搭上了回程的高铁。坦率讲，最让我流连忘返的还属风味独特、品种繁多的南京小吃，它们有荤有素，甜咸搭配，形态不一，选料考究，色香俱全，不愧为中国四大小吃之首。相反，或许是暑期游客太多，各大景区的运营模式和服务态度真的很令人抓狂，隐隐的有一种“不受欢迎”的感觉。总之，在我看来，南京的餐饮业完爆了旅游业！

这就是我眼中的古都南京，它没有西安、洛阳那么多的名胜古迹，没有新疆、西藏那么美的自然风光，没有北京、上海那么快的城市建设，也没有广东、福建那么赞的美味佳肴……但它有着中国近代史上一段不可磨灭的屈辱时光，并在那里永远、真切地存在着！如果岁月可回头，不，历史的车轮无法倒转，也没人能够篡改它，但我们可以学习，可以借鉴，可以总结，可以让那一切都仅仅是历史，不再重演！

周末的夜晚，秦淮河的两岸灯红酒绿、歌舞升平。（摄于 2019 年 8 月）

『江南水乡』VS『人间天堂』

2018.03.08—2018.03.12

一边是突发奇想的浙江之行，一边是两会历年的严格安检……To go or not to go, this is a question（去还是不去，这是一个问题）！经过了数日的纠结，最终我还是决定踏上这趟南下的高铁……

一大早，我从家出发，20分钟走到北京南站，坐上和谐号列车，4小时54分钟到达杭州，紧接着换乘景区的直通大巴，一个半小时后来到终点站乌镇，现在算是安全住下了……话说哥们儿这次可是真真正正地失了回策，我没想到摆渡大巴的停靠站离杭州东站的距离竟有2公里之长，而我却只给自己留了半个小时的时间做转换……在这仅有的30分钟里，我需要先排队验票出高铁站，然后等红灯过马路，完了再穿越地下隧道，最后还得保证提前到达车站候车……总之，这一切操作猛如虎的我，好在是及时赶上了！

中国最后的枕水人家——乌镇。（摄于 2018 年 3 月）

素有“中国最后的枕水人家”之称的乌镇位于浙江省嘉兴市的桐乡，地处江浙沪“金三角”之地，距苏、杭两市均为 60 公里，是中国十大魅力名镇、环境优美乡镇、5A 级的旅游景区，我们所熟知的京杭大运河就依镇而过。同时，这里还拥有着 7000 多年的文明史和 1300 年的建镇史，并于 1991 年被评为了我国首批历史文化名城，属典型的江南水乡古镇。

临行前，强迫症加洁癖的我在某旅行网站上斟酌了好几天，才选定这家“久栖・乌镇信心花舍天台风情酒店”的地方，主要原因就是它暂时的“零”差评和绝佳的地理位置，步行至西栅南门仅需一刻钟，且房费超实惠，性价比杠杠滴！虽然官方称其为“酒店”，但依我看它也就是个上下三层的民宿，人人小小有 18 间客房，室内环境还算干净卫生。这是继七年前（2011 年）的云南之行后，我第二次下榻民宿。由于我到达住处的时间较早，还不到下午六点，尽管之前已历经一番周折，但旅行中的大好时光我仍是不想随便浪费，于是在房间中小憩了一会儿就出去觅食了，毕竟要先填饱肚子，才好有精力耍起来！

“金月亮餐厅”是当地一家点评颇高的餐厅，在西栅南门 200 米路东，店面不算很大，但就餐环境尚可，餐饮设备齐全，老板娘也特别 nice（和气）！我点了它家的推荐菜品：臭干蛋饼、古镇酱鸭和香干马兰头。蛋饼很合我的口

夜幕下的西栅，一种静谧的美。（摄于 2018 年 3 月）

味，酱鸭着实一般，马兰头纯为荤素搭配而选，不作评价。

饭后，我开始游览旁边的西栅。位于乌镇西大街的西栅是以商务旅游、休闲度假为主的人文景区，它毗邻京杭大运河，交通十分便利，有公路可直通江苏、苏州和桐乡市区。景区总占地面积 4.92 平方千米，其中涵盖了 25 万平方米的明清建筑，和北部 5 万多平方米的天然湿地。在 9000 多米长的河道上修有古桥 72 座，无论是从河道的密度，还是石桥的数量，都称得上是中国的古镇之最。走在西栅老街上，1.8 公里长的街道也让两岸的临河水阁绵延了 1.8 公里，傍晚时分，波光粼粼，景色美不胜收！我一边走，一边努力找角度拍照，为的就是尽可能地把这上千人的西栅照成我自己的后花园。其实，江南水乡的美，美的是一种意境，你说它有多么与众不同吗？并没有，甚至逛久了会有些许的审美

不到两公里长的河道上，时不时飘来几只摇橹的扁舟。（摄于 2018 年 3 月）

疲劳，但当我的身旁时不时地飘来几只摇橹的扁舟，偶尔耳后再传来几声水花拍打河堤的响动，抑或是走累了，找家驿站歇歇脚，叫上杯古镇奶茶，倚靠窗边，听着窗棂被清风吹得吱呀作响时，内心会瞬时放空，毫无杂念，这种能让人感到安宁的静谧也许就是水乡之美！

回到民宿，我猛地想起了一句话，“烟花三月下扬州”，这是诗仙李白写给友人孟浩然的一首送别诗，脍炙人口的千古绝唱为古城名邑平添了无限的风韵。其实诗句原意本与乌镇无关，但后人也多用来形容江南水乡的春色。可是，句中的“三月”指的是农历三月，而现在正是春冬交替的阳历三月，我从未在这个季节来过南方，曾有耳闻说南方的冬天是一种湿冷，但压根儿也不太理解这种冷到底是个什么感觉，今天算是彻底领教了。室外温度 15℃，按常理说这没啥，但我不得不穿着羽绒服外出，尤其是走在河边，那种感觉就好像是下过雪的北方，四周弥漫的空气都是湿漉漉的。在室内的话，暖风要设到 30℃（我在家从未有过这样的操作），还得外加辅热模式，即便这样，沐浴更衣后的我仍要站在出风口处直吹，才能确保不打寒颤，这就是所谓的湿冷。希望明天能

一碗榨菜肉丝面，普通的食材，绝佳的味道。（摄于 2018 年 3 月）

变出个暖暖的晴天给我吧！

或许是被昨日的车马劳顿折腾得够呛，一觉醒来，我错过了客栈的早餐，想不到这边的朋友都习惯晚睡早起的。不过餐厅的厨师是个热心肠，他见我没饭吃，特意下了碗榨菜肉丝面给我，上面还加了个荷包蛋，那味道没的说，吃完暖暖哒！

走出民宿，我叫了辆三轮，一路颠簸了十分钟，来到了3公里以外的东栅。如果说西栅是倚窗而坐的文艺小咖们的聚居地，那么东栅在我看来就是乡土气息浓郁的早年生活体验区，这里并不流行午后徜徉的咖啡厅下午茶，也没

东栅景区河道两岸看起来略显陈旧一些，历史气息更为浓郁。（摄于 2018 年 3 月）

有太多午夜喧嚣的 PUB 酒吧，反倒是随处可见各类博物馆和文人骚客们的故居，非常接地气儿。东栅景区的面积不大，只有 1.98 平方千米左右，但保护建筑却占了近 6 万平方米，如江南民俗馆、茅盾故居等。正是因为这里有着原汁原味的水乡风貌和深厚的文化底蕴，才一跃成为中国著名的古镇旅游胜地。

在东栅逛了一上午，主要的景点就基本都能走完了，接下来我要找个地方整点儿咖啡因解解“瘾”……不过在此之前，还是得先犒劳一下自己的肠胃，早上那点面条早已消耗殆尽！

从某 APP 上了解到，景区不远处有家小馆叫“邱记私房菜”，好评如潮。于是我跟着导航，走了足足 20 分钟，结果却是在快到南栅的路旁才找到，可能是商家想借着东栅的名气来搞点噱头吧。虽然位置报告有偏差，但口味并未受影响，东坡肉和乌镇地三鲜非常好吃，前者肥而不腻，后者鲜美无比，让我

东栅景区里的染坊。（摄于 2018 年 3 月）

大快朵颐！服务从头至尾也很到位，买单后还附送了菊花茶，真应了那句“酒香不怕巷子深”了！

解决完午餐，我开始寻觅“咖啡因”。在西栅景区的河道旁，我路过一家看似还不错的咖啡吧——盒子说。小吧临河而建，让人休息的同时也不耽误欣赏身边的风景。而且，为满足更多顾客的需求，店家还特意把咖啡厅分成了室内发呆区（无烟区）和室外花园区（吸烟区），一看就是用心了。我坐在发呆区，叫了份 afternoon tea（下午茶）套餐，里面含了一杯招牌咖啡“Memory Box”和一块抹茶蛋糕。此外，乌镇的东、西栅景区是有很多免票政策的，其中之一就是针对旅游业的从业人员，无论是否带团，无论是否有行程单，只要在检票口主动出示领队证或导游证，都会被礼貌地邀请进入。要知道，这一进一出可就是 200 元啊，这样算下来，两天我已经省下 400 元了，再省省房钱都出来了……

白天的西栅水乡，透露着一股清幽。（摄于 2018 年 3 月）

夜幕降临，西栅的酒吧街开始沸腾起来！（摄于 2018 年 3 月）

晚餐是在西栅的“乌镇民宿 2B 乙幢”享用的，我一人占了个十人台，不是没客人，是我去得太早，而他家又没有小桌子，只能这样坐了……这家的梅干菜烧肉很下饭，就是有点油腻，好吃但不健康！连续两天的景区餐厅用餐，让我发现了两个普遍现象：一个是商家都很实在，刚点两道菜就会不停地说“够了，够了！点多了吃不完”。这话没错，一人吃饭确实是比较矛盾的，因为看啥都想吃，可真要啥都点了就全浪费了，只能遵循商家的推荐。另一个是正餐的性价比会远高于下午茶，有和我一样每天都要喝咖啡的“瘾”君子，最好还是去 Starbucks 或是 Caffebene，那里的咖啡才会更加“货真价实”！当然，除非你是想做一个倚窗观景的文艺青年。

随着夜幕降临，西栅里的酒吧一条街开始逐渐地沸腾起来，大家你来我往，推杯换盏，那情景好不热闹！可能是我老了吧，蹦不动了，只得匆匆走过。但就在回民宿的路上，我还是买了一小瓶啤酒自斟自饮地应了应景，岂料喝了近 40 分钟才喝完，看来刚刚放弃 club 嗨皮的选择是明智的，赶紧洗洗睡吧，明天好向杭州进发！

第二天上午，两小时的车程，我就又从乌镇回到了杭州。可是这次的大巴体验不是很爽，司机师傅的服务意识太差，极不人性化。好在我杭州的酒店订得还不错，亲民的价格、优越的位置、星级般的享受，让人不免心情转好！

享有“人间天堂”美誉的杭州在古时被称为临安、钱塘，它地处我国华东地区、东南沿海、钱塘江下游，是浙江省省会、副省级市、杭州都市圈的核心城市，也是国务院批复确定的全省经济、文化、科教中心。自秦朝设县治以来，这里已有2200多年的历史了，曾经还是吴越国和南宋的都城，所以至今城市里仍遗留了大量的自然景观和人文风光，其中最具代表性的要数西湖及它背后的传说故事了。然而，在杭州的这几天我却赶上了“可怕”的节假日，放眼望去，满大街人头攒动，想吃的餐厅要排号一二百位，想去的地方更是人声鼎沸，得亏是趁着关门前还打卡了个西溪国家湿地公园，算是这一天没全荒废。

位于市区西部的西溪国家湿地公园是中国第一个集城市湿地、农耕湿地、文化湿地于一体的国家级湿地公园，园内的生态资源丰富、自然景观幽雅、文化积淀深厚，与西湖、西泠并称为杭州“三西”。公园规划总面积11.5平方千米，湿地内河流长达100多千米，其中约70%为河港、池塘、湖漾、沼泽等水域。因为公园实在是太大了，而我来的时间又太迟了，所以只能在里面一路小跑，游览个大概……

晚上，原计划的京杭大运河游船也不出所料地错过了，西湖的音乐喷泉就更甭提了，我到那的时候地上的水都快干了！总结的经验就是无论去哪里玩

雷峰塔上拍到的西湖全景。（摄于2018年3月）

天气转好后的西湖，水清得能当镜子照。（摄于 2018 年 3 月）

耍，都不能选在法定的节假日出行！可明天就是个周日，我却要去杭州的精华之地——西湖，现在想想头都大了……

西湖景区总面积 49 平方千米，汇水面积 21.22 平方千米，湖面面积 6.38 平方千米，是颐和园昆明湖的三倍之多。湖水三面环山，湖中的白堤、苏堤、杨公堤、赵公堤则将湖面分割成若干水域。湖体轮廓近椭圆形，底部较为平坦，平均水深 2.27 米，最深处有 5 米，最浅不到 1 米。西湖外围建有 100 多处公园景点，60 多处国家、省、市级重点文物保护单位和 20 多座博物馆，其中就有我们熟知的“断桥残雪”和雷峰塔。

西湖的杨公堤，在晴空下的景色绝美。（摄于 2018 年 3 月）

由于天气原因，上午的西湖湖面起了些轻度的霾，导致视觉效果不是很好，拍出来的照片也是灰蒙蒙的一片。但是天公作美，11点以后艳阳高照，霾消雾散，于是我便乘船登上了三潭印月岛，将西湖美景尽收眼底！中午时分，本打算在西湖旁的“知味观”用午餐，谁曾想要等位 100 多号，我不得不选择放弃美食，转向路边的小卖铺，买了袋饼干，一边往嘴里塞，一边继续在西堤和杨公堤上暴走，还别说，晴空下的两堤真是绝美。登完雷峰塔，我没有邂逅到痴情的白蛇，也未曾谋面不懂爱的法海，于是就去了旁边的灵隐寺。

灵隐寺又名云林寺，背靠北高峰，面朝飞来峰，开山祖师为西印度僧人慧理和尚，始建于东晋咸和元年（326 年），占地面积约 87000 平方米。寺内以天王殿、大雄宝殿、药师殿、法堂、华严殿为中轴线，两边搭配着五百罗汉堂、济公殿、华严阁、大悲楼、方丈楼等建筑。飞来峰顶不是很高，半个小时我就爬上去了，倘若想登顶北高峰的“天下第一财神庙”灵顺寺，山脚下有索道可直达，但那队伍排得是惊人的长。

饥肠辘辘的我在晚餐时段可算是苦尽甘来了，终于能坐在正经的餐厅（楼外楼）里吃上一顿期待已久的本帮江浙菜，而且五点到店，没有等位！想想也是，如果来杭州一趟真是连点儿特色风味都没吃着就回家了，以后还怎么在吃界混呢！虽然汤汤水水的食物并不能满足我的味蕾，但吃这种事情就是这样，你不一定有多爱吃，东西也不一定有多好吃，可谁到了北京都想尝尝烤鸭，去了新疆啃啃羊腿，飞到美国嚼嚼汉堡，飘到欧洲品品牛排……猎奇心理在作祟，仅此而已！

饭后来到之江路，我沿着钱塘江的岸堤遛弯消食，还远观了钱塘江大桥。遛着遛着，也不知是怎么想的，突如其来的一个念头又把我带回到了西湖边，走在夜晚的白堤上，欣赏着夜灯下的断桥，此时此刻请原谅我不能把它的美描述得淋漓尽致！

一天下来，我走了将近 50000 步，虽然疲惫不堪，但景色不负所望！

浙江之行的最后半天我的节奏依然是紧凑的，一大早就直奔了杭州第一个大型人造主题公园——宋城。这是以“建筑为形，文化为魂”，仿宋代风格建造的主题公园，主体建筑是依据北宋画家张择端的长卷《清明上河图》而建，并按照宋书《营造法式》还原了宋代都市的风貌，园内的大型歌舞《宋城千古情》更是与拉斯维加斯的 O 秀、巴黎红磨坊并称“世界三大名秀”。说了这么多，其实我是没有进去的，因为演出只售卖当天的套票，且均是下午和晚上的，我

傍晚时分，夜灯下的西湖断桥，美得不像样子。（摄于 2018 年 3 月）

钱塘江岸的六和塔，相传乾隆爷当年在下江南时，就是看上了这座砖塔，回京后才决定在颐和园的万寿山上修建佛香阁的。（摄于 2018 年 3 月）

是心有余而时间不足啊，弃之吧！随后，我乘公交来到了钱塘江岸的六和塔，这座八面十三层的楼阁式砖塔始建于宋开宝三年（970 年），是为镇压江潮而建的，塔基原址系吴越王钱弘的南果园。六和塔通高 59.89 米，塔外各层的木质檐角挂有 104 只铁铃，塔内由螺旋阶梯相连，第三级须弥座上雕刻有花卉、飞禽、走兽、仙子等各式图案。离开六和塔，我再次搭公交车去了武林广场。杭州的公交蛮有意思的，不同线路的起步价不都一样，即便是同一条线路在不同站台的价格也会不一样，这点倒挺像澳门的。从广场溜溜达达的我又来到了解放路的“奎园馆”，据说这家的虾爆鳝面很地道，经过我一番鉴定，非常赞同！

总体来说，可能是季节和时间没选对吧，此次旅行的整体感觉没有预期的好。首先，空气质量一般，前后五天赶上了三天半的轻度污染；其次，走在路上极度缺乏安全感，大街小巷听到最多的不是音乐和广告声，而是马达的轰鸣和喇叭的交响乐，因为滑板族、轮滑族、机车族，经常会闪电般地在身边穿梭，到了晚上就更是各种汽车远光灯的 Show Time（表演时刻）。当然，旅途中也有正能量的地方，比如各个景区的服务人员和安保人员，他们始终是笑迎八方来客，友好地回答大家的问题。再比如过马路走人行横道，无论有没有信号灯，机动车都会自觉停下礼让行人，单从这一点来看，我游过这么多的城市，

六和塔顶上看到的钱塘江，貌似又起了点小雾霾。（摄于 2018 年 3 月）

当地一绝的虾爆鳝面，别看卖相朴素，佐料可毫不简单，吃起来味道相当不错！（摄于 2018 年 3 月）

数北京做得最差了……浙江之行就这样结束了，相对而言，我更青睐于乌镇，尤其是夜色！顺便说一句，杭州的房价在 G20 峰会以后也风生水起了，均价五万一平的老楼盘屡见不鲜，而且，根据《长江三角洲区域一体化发展规划纲要》，在 2019 年 12 月已将杭州定为我国的特大城市，请问您现在还觉得北、上、广的房价很贵吗？

眼微信扫码
足不出户带你“吃遍”人间美味
配套音频 高清美图
作者感悟 杂感随笔

浪漫、小资的滨海之城

2018.02.23—2018.02.26

戊戌第一飞，错峰出行，即刻启程！

……

现已落地，目的地竞猜开始，提示：①大陆；②上飞机就得脱衣服；③下飞机继续脱衣服，但不需要脱得很彻底；④网红地；⑤关键词“浪漫”“小资”……没错，这个地方就是厦门！

厦门，别称鹭岛，地处中国华东地区，是福建省副省级市、计划单列市，也是国务院批复确定的中国经济特区，东南沿海重要的中心城市、港口及风景旅游城市。它由岛内（厦门本岛）、离岛鼓浪屿、西岸海沧半岛、北岸集美半岛、东岸翔安半岛、大嶝岛、小嶝岛、内陆同安、九龙江等组成，与漳州、泉州同为闽南地区，通行闽南语厦门话。

出了机场，我坐上先前约好的专车，来到酒店办理入住。酒店位置处于鹭江道的 CBD，与鼓浪屿隔海相望，从室内的飘窗就可将无敌海景尽收眼底！抵达酒店后，前台工作人员的服务极为热情，处处都能折射出这座海滨城市独特的贸易历史及人文故事，让刚一落地的我就充分体会到了闽南人民高品位的休闲生活方式。入住完毕，我把行李放到房间，迫不及待地换了身春装（当时是阳历二月，北方还是严冬，穿的都是羽绒服），就开始悄无声息地在这座“浪漫之城”走了起来！

从古至今，提及厦门，首先想到的便是中山路。它人流旺、商品多、名气大，就好似北京的王府井、纽约的曼哈顿、东京的银座、香港的中环，是当地最老牌的商业街，代表了厦门的繁华、富有和时代韵律。走在步行街上，主色

人潮涌动的中山路步行街。（摄于 2018 年 2 月）

调为粉红和乳白的南洋骑楼建筑随处可见，散发着浓郁的南洋风情，经过岁月的洗礼，斑驳的墙体与古旧的木窗更是为骑楼增添了几分特有的神韵。此外，街道两旁那些流光溢彩的 LED 夜景、琳琅满目的闽台小吃和回响在小巷街坊间的古老南音，它们的交融又使这里构成了另一种与众不同的风格特色，让游客不仅能享受到丰富的物质世界，还能领略到时尚的现代风采，难怪厦门人民都会引以为荣。我在中山路简单地转了转，到“张三疯欧式奶茶铺”买了杯奶茶，尝了尝鲜就撤了，谁让甜品是最能让人心情愉悦的呢。还不错，比港式的丝袜奶茶要甜一些！

中山路的西端有家宾馆叫鹭江宾馆，7 层的“观海餐厅”是一定要签到的，而且越早越有机会坐在露台的景观座，欣赏到对面鼓浪屿的风采。我是下午五

一家小小的奶茶铺，没想到还能有这么多的周边产品。（摄于 2018 年 2 月）

点多来的，已经开始等位了。这里的海蛎煎、土笋冻、春卷都是当地的舌尖美味，超受欢迎，以至于我都没能吃到海蛎煎，脱销了……“黑暗料理”土笋冻蘸着酱汁，吃起来很有味道，但当我晓得它的成分以后，也是蛮佩服自己的勇气的！炸春卷有点油腻，不健康，不推荐。

It is the drinking time as the night is coming（随着夜幕的降临，就到了喝酒的时间）！在寻找美食的路上，我邂逅了一间 Bar（酒吧），名字记不住了，总之位置很隐蔽，要不是吃货，根本发现不了！走进酒吧，里面的面积不大，但装修得很有情调，一看就是小资品味的静吧。我挑了个靠墙的位置坐下，老板过来招呼我，我抬头一看，没想到竟是个温柔可爱的小姐姐。可是，千万不要被她“善良的”外表冲昏了头脑，她的强势是在血液里流淌的。何以见得？

鹭江宾馆的“黑暗料理”土笋冻！（摄于 2018 年 2 月）

傍晚的中山路，华灯初上。（摄于 2018 年 2 月）

她先是对我点单后的品位表露出了强烈的“鄙视”，于是我只好让她推荐，却怎料又得到一句刺耳地回复“不用推荐，我这里的任意一款 IPA（精酿啤酒）都可以打败你”……其实这样的经历事后想想也还是蛮有趣的，更何况酒吧的氛围正是我要的感觉，今晚肯定能睡个好觉了！

一早醒来，清晨六点半，我在码头搭乘较早的一班轮渡，前往了鼎鼎大名的鼓浪屿……印象中，那里有各种如梦似幻的前尘往事，揉碎着旅人的心扉；那里有黑白键敲击出的最美琴音，倾诉着“圆沙洲”的万种柔情；那里有历史遗留下的各国领事馆、华侨们的私人住宅及古老的教堂，它们都是鼓浪屿悠悠岁月的见证人。虽然在民营经济飞速发展的时代，岛上的商业化已日趋明显，但我想不管是对匆匆过客，还是小住几天的游人，能在碧海环抱、沙滩绵延的

一个不知名的小酒馆，让我遭到了 bartender 的“鄙视”！不过，feel 倒是很不错！（摄于 2018 年 2 月）

鼓浪屿环岛小路上漫步，领略海天一色的壮美，体验自然风景和人文风光的交融，都将会是一场无比惬意的旅行！

从内厝澳码头上岛后，我的首站是日光岩，俗称“岩仔山”，别名“晃岩”，在鼓浪屿的东南端。相传 1641 年，郑成功来到这里，看到晃岩的景色完胜日本的日光山，就把“晃”字拆分开来，“日光岩”便由此得名。白天的日光岩游客非常多，我已经很多年没有感受过这样的拥挤了！登上岩顶，这个由两块巨石一竖一横相倚而立形成的鼓浪屿最高峰，是岛上的最佳观赏点，周围环绕的栏杆圈成了一个小小的观景平台，放眼四顾，厦门市区、鼓浪屿全岛、大海尽入眼帘！听当地的朋友讲，如果时间允许的话，还可以选择傍晚时分再来这里，伴着落日余晖，鼓浪屿的美会像首婉转的旋律，揉进心房，

人山人海的日光岩，今天可是工作日哦！（摄于 2018 年 2 月）

别有一番韵味。

日光岩的东面是以钢琴为主题的琴园，位于鼓浪屿的英雄山上，它所散发的文化艺术气息与日光岩的自然景观形成了动与静、今与古的有机结合。园区里面建有百鸟园、音像馆、艺术画廊，以及旋律广场、琴思广场、流音小筑、听涛崖等景点，令人有无处不音乐之感。以百鸟园为例，这个依英雄山西坡翠密山林的自然条件而建的小公园，占地面积近 7000 平方米，引进鸟儿约 1000 只，品种可达 100 余种，并按鸟类的生态群类兴建了珍禽寨、涉禽池、攀禽林、孔雀台、雉坪花架、表演园等园中园。双桥之间倾泻而下的迭水瀑布搭配着虫鸣鸟叫，更是展现出了一派怡人自乐的休闲景致。

参观完这两处景点，就到了我的午餐时间。鼓浪屿上有不少特色小店、

“班沙客”的班氏奶茶，不容错过。（摄于 2018 年 2 月）

风味小吃，无论是“第七铺”的创意伴手礼，“金点世家”的土特产馅饼，还是“黄胜记”的肉脯、肉松，“龙头路183号”的鱼丸摊，都有着鼓浪屿的专属印记！然而，作为吃货的我并没有光临网红甜品“赵小姐的店”，也没有去品尝闽南疯·姜母鸭香煎蟹，但是，走过路过我没有错过的是“班沙客奶茶店”，店铺小哥很有范儿，在独一无二的店里调制着举世无双的奶茶，那种感觉真的很不一样！

吃过午饭，我继续参观。众所周知，鼓浪屿岛上荟萃了上千座风格各异的中外建筑，有飞檐翘角的中国传统庙宇，有闽南风格的院落平房，有中西合璧的八卦楼，有小巧玲珑的日本屋，也有19世纪欧陆风格的原西方国家领事馆，还有堪称江南古典园林精品的菽庄花园，这些建筑群落都有一个统

我不敢恭维的沙茶面，真应了那句“萝卜白菜各有所爱”了。（摄于2018年2月）

一的称号——万国建筑博览馆，是鼓浪屿中西文化交融的经典景观。其中最为著名的要数八卦楼（厦门博物馆）了，它是厦门近代建筑的代表，始建于清光绪三十三年（1907 年），总建筑面积 3710 平方米，由原鼓浪屿救世医院院长美籍荷兰人郁约翰设计，因有 8 道棱线置于八边形的平台之上，顶窗又呈四面八方二十四向，故称“八卦楼”，原楼主是台湾板桥区的林家三房林鹤寿。

离岛前，最后一站我去的是菽庄花园西面的港仔后海滨浴场。站在沙滩上，我赤着脚，面朝大海，背面是早晨登过的日光岩，风景很美。

这就是鼓浪屿，小小的岛屿上承载着太多的过往。如今，岁月流逝，岛上 90% 的人口已不再是本地人了，只剩下那些雕刻着时间印记的老宅子，还在静静等待着光明的洗礼。

回到市区，已是黄昏时分，我跟着“度娘”开始寻觅起厦门的美食。思明区镇邦路 78 号的“月华沙茶面”是当地的老字号，不过不是很好找，即便是跟着导航，也走了好一阵子。到店后，我要了一份沙茶面和一个肉粽，味道不太敢恭维，尤其肉粽，我家里人也能做出这个水平，所以，网友评价也只能是因人而异吧……第一顿显然吃的有些失望，还得再来一顿弥补一

夕阳余晖下的鼓浪屿，雕刻着时光的印记。（摄于 2018 年 2 月）

下！思明电影院旁有家街边小店叫陈伯花生汤，在思明北路106-2号，她家的花生汤可是相当不错！粒粒分明的新鲜花生和毫无腥味儿的蛋花交织在一起，入口软糯，甜而不腻，好喝！大妈的叫卖声更是亮点，“全厦门可就我们一家‘陈伯’哦”！

吃饱喝足后，我没有直接回酒店，而是又去了昨天的那间Bar（酒吧），因为那里的调调真的很适合我！今晚酒吧的人不是很多，于是我和小姐姐便有一搭无一搭地聊了起来。她问我：“你有没有觉得我说话的口音不像本地人？”我坚定地调侃道：“没有，非常的闽南腔儿！”原来，她也是北方人，想趁年轻来这边自在几年。我接着又“补刀”说：“不过，您怼人的架势倒是很‘北方’！”说完我俩都笑了……

来厦门旅游，还有一个热点是不能错过的，那就是集美半岛的集美学村。它是由传奇人物著名爱国华侨领袖陈嘉庚先生在1913年出资创办的，名声享誉海内外。一大早，我驱车半个小时，从本岛的思明区开到了学村的所在地。学村总建筑面积三千余亩，拥有在校师生十万余人，形成了由学前教育至小初高、本硕博的人才培养体系。中西一体的建筑属于典型的闽南侨乡风格，特别是集美中学的道南楼、集美侨校的南薰楼、航海学院的教学大楼，它们

具有典型侨乡风格的集美南薰楼。（摄于 2018 年 2 月）

或巍峨挺拔，或凌空欲飞，个性极为鲜明。龙舟池、嘉庚故居、嘉庚公园等公共开放区域，更是让这个钟灵毓秀之地摇身一变，成为凝集众美的观光风景区。

在学村差不多逛了两小时，直到中午，我才转至第二站：被誉为“全国最文艺村落”的曾厝垵。它是一个从质朴的临海渔村缓缓蜕变出来的文化创意村，在当今繁华的背后，还依旧坚守着骨子里的情致。凡是途经此地的人，都能暂时忘却都市生活的繁杂，坐在木制的老藤椅上，泡一壶清茶，头顶是穿过瓜果架稀疏散落的阳光，鼻尖是海边吹来的腥咸海味，此情此景之下，享受片刻内心的安宁。走进巷子中，里面融汇了很多极具特色的民宿建筑、文化咖啡馆、文创小店等，它们各式各样的商品、丰富美味的小吃、悠闲舒适的环境、脍炙人口的广告标语，都能完整地反映出文艺青年的浪漫生活。

曾厝垵的旁边是有着“东方夏威夷”之称的厦门国际马拉松赛道——环岛

路。它是环海风景旅游干道之一，与沿路的大海、沙滩、青草、绿树等构成了一条内容极为充实的海滨走廊。在电影《疯狂的赛车》中，就有一些镜头取景于此。我学着片中黄渤老师的样子，租了辆自行车，开始了一段骑行之旅……看海听风，那样子着实很酷！只是身边时不时会有追风少年疾驰而过，那种体会，好险！

“……穷清华，富北大，谈情说爱去厦大！”这个调侃我想大家并不陌生，潜台词是说考上厦大的同学就都没什么心思学习了，真假不得而知，反正我是打算过来瞧瞧。厦门大学在厦门岛的南端，毗邻南普陀寺，占地 2500 多亩，

全国最文艺的村落曾厝垵，如今反映的正是文艺青年的浪漫生活。（摄于 2018 年 2 月）

也是由陈嘉庚先生于1921年创办的，它是中国近代教育史上第一所华侨创办的大学，也是首个在海外建设了独立校园的大学，被誉为“南方之强”“中国最美大学”。参观流程上，厦大的管控没有清华、北大那么严格，但在入校人数上也是有要求的，工作日周一至周五的中午限300名游客（12:00—14:00），下午五点以后，可凭身份证随便进出。双休日、节假日、寒暑假限制取消。走进校园，里面的建筑大都是中西风格的结合，尤其旧建筑，多为陈嘉庚先生的女婿所建，清水墙、琉璃顶的设计在当时被称为“穿西装、戴斗笠”，经过这么多年，视觉感仍不落俗，相当宏伟。另外，校内还设有芙蓉湖、情人谷水库等景点，配合着一旁的海滨环岛路，霎时间确实能让人升起轻松愉悦之感，或许“谈情说爱”的说法就来源于此吧！

今天的晚餐是当地居民带我去吃的“局口拌面”，它隐藏于胡同之中，如

果没熟人带路，还真得花点儿工夫！走到地方，我发现这里的餐桌都是小课桌，椅子也是小马扎，大家你吃完了我坐，我坐完了你挪，完全算不上是个正经吃饭的场所，但即便是这样的就餐环境，我们依然要排队等位，而且来的不是回头客，就是类似于我这样的被常客带来的新客，换句话说，这里吃到的才是正宗的厦门味道！我点了一份招牌拌面，口感有点像北方的麻酱凉面，不过微甜微辣，面条也是热的，配料鸭肠很劲脆，嚼在嘴里嘎吱嘎吱地响。其实吃东西就得吃地地道道的，舌尖上的美食不一定都要高大上！

返京当天，我的航班是下午的，所以又多出来大半天的时光供我“挥霍”，肯定不能浪费！五缘湾湿地公园、铁路文化公园、南华路文化吧一条街、厦门园林植物园，这些地方都是当地人常去的小资地带，综合考量了多重因素，最后我选择了铁路文化公园和园林植物园。

环岛路——看海听风，环海骑行。
（摄于 2018 年 2 月）

走出校园就是大海，望着一对一对在海边拍着婚纱照的情侣，谁还有心思“学习”呢？（摄于 2018 年 2 月）

实际上，铁路文化公园就是一段荒废了多年的老铁路，本已淡出了人们的视线，但至今完整保留的轨道依旧具有着浓厚的历史文化背景，从某种意义上讲，它是厦门交通发展的最初记忆。所以在 2011 年，经市委、市政府研究商讨后，决定把这段长 4.5 公里的老铁路打造成为一个街心公园。改建后的公园东起文屏路（金榜公园），西至和平码头，环境很好，从北到南划分了四个区块：铁路文化区、民情生活区、风情体验区和都市休闲区。在铁道

福建省第一座植物园——厦门园林植物园。（摄于 2018 年 2 月）

路边摊『局口拌面』，这才是地地道道的舌尖美味。（摄于2018年2月）

的两侧更是开发了四个景区，分别是万寿片区、虎溪岩景区、万石山风景区和厦港老城区。因为时间关系，我只走了鸿山隧道那一小段，但它也是全程中最为精华的一段！

始建于1960年的厦门园林植物园是福建省第一座植物园，它地处本岛东南隅的万石山中，围绕万石岩水库而建，背靠五老峰、南普陀寺和厦门大学，占地面积4.93平方公里，是一座集植物景观、自然景观、人文景观于一体的

园林植物园。园内根据引进的植物类别建有棕榈岛、南洋杉草坪、蔷薇园、雨林世界、沙生植物区（仙人掌世界）等十多个特色植物专类园区。除植物造景外，还汇集了很多自然奇观和人文胜景，比如万石湖、“太平石笑”“天界晓钟”“中岩玉笏”等。在这些景观中，最无心插柳的要数万石湖了，它本是1952年为战备需要所建的万石岩水库，谁曾想今天却扶摇直上地成了植物园的核心景观。园区北侧是松杉园、竹径，南侧为南洋杉草坪，东侧是棕榈岛、百花厅，西侧的大坝上则是极具南国风韵的华盛顿棕（原产美洲），它们在湖面中所映出的倒影，着实令人赏心悦目。

正如当地朋友所说，三五天的时间在厦门就是匆匆而过、走马观花。无论是鼓浪屿的美景，还是闽南的美食，都算不上是举世瞩目，令人流连忘返。但旅行不能仅仅看重景观的名气或是食物的味道，还要注重不同风土人情的体验过程。厦门的美好就恰恰在于这座城市缓慢的生活节奏和方式，找间民宿，住个十天半个月，把pace（节奏）缓下来，细细地去品味它的“小资”，它的慢，它的美，定会快乐无穷！

铁路文化公园最为精华的一段——鸿山隧道。（摄于2018年2月）

一次被放了鸽子的海岛行

2018.05.31—2018.06.03

临行前两天的下午……

放（化名）：“在不在不？”

鸽子（我）：“在，你说？”

放：“出问题了！气死我了！”

鸽子：“你去不了了？”

放：“明天让我去总部××（城市）出差，校招，我正协调呢。”

放：“……（与上级对话的截图）”

鸽子：“OK，协调完告诉我吧。”

放：“你是不是只有这周有时间？”

鸽子：“我的机+酒没法退的。”

放：“改签也不行？”

鸽子：“改不了的，你能改呀？”

放：“我没弄呢，董事长说今天下午过来，到现在还没来呢，电话也无法接通，好烦！”

鸽子：“没事，顺其自然吧。你要是能改签就改呗，省得浪费了。我是改不了的，会扣全款。”

放：“公司的安排我也是服了，不过我会争取的，要是不行，你就只能自己去了……”

鸽子：“嗯。”

放：“尽快给你信儿吧。”

临行前一天的中午……

放（化名）：“（××城市的位置报告）”

鸽子（我）：“好的，我知道了，你忙吧。”

放：“不好意思，我已经很努力争取了！”

鸽子：“保重。”

放：“那只能祝你玩得愉快了，下次有机会再约，抱歉！”

鸽子：“谢谢。”

临行当天的首都机场T2航站楼……

此次的目的地是海南三亚，看来我要动用仅存的人格魅力去寻觅路上的驴友了……就算一个人，也要游得精彩！从明天起，面朝大海，期待花开！

三亚市是我国海南省的地级市，古称崖州，别称鹿城，地处海南岛的最南端，东邻陵水县，西接乐东县，北毗保亭县，南临南海，是具有热带海滨风光的国际旅游城市，被称为“东方夏威夷”。其陆地总面积1919.58平方千米，海域总面积6000平方千米，聚居着汉族、黎族、苗族等20多个少数民族，城市宜居指数位列全国第三！

海南文昌鸡是不是看着就很有食欲？我一人能吃一整只。（摄于 2018 年 5 月）

我印象中第一次来三亚（2003 年的暑假）还是在中考完的那年暑假，距现在已是近二十年前的事了。那时候的我还是个孩子，那时候的飞机出行还是一种比较奢侈的交通方式，那时候的爷爷奶奶还健在，那时候的他们就带着我和弟弟开始了如今广泛流行而在当时还并不推崇的自驾旅行！言归正传，下了飞机，我来到酒店，办理完入住就出去觅食了。“嗲嗲的椰子鸡（三亚湾总店）”是我抵达三亚后享用的第一餐，别看餐厅的门脸儿不大，里面可是别有洞天！幸亏我来得晚，错过了高峰时段，否则真不知道要等位多久。进入餐厅，服务员把我领到空位坐下，我便开始在 APP 上浏览起菜单来。当地的菜品以鸡肉和热带水果为主，于是我热菜点了只《国家地理》的标志性产品——海南文昌鸡，主食配了碗热气腾腾的海南鸡饭，Yummy（好吃）！味道上百分制我可以给到 85 分。就餐过程中，服务员的服务态度和服务意识也是极好，单独为我 DIY 蘸料（因为我不吃辣），并换不同人员分批次前来询问我对菜品的满意度。总之，这顿饭我是吃得相当满意，赶紧回去洗个澡，趁着还有精力，到阳台好

白云朵朵、海天一色的蜈支洲岛。（摄于 2018 年 6 月）

好欣赏欣赏这夜晚的大海，不能辜负这 270° 的海景房。

或许是上天想对我被临时放鸽子的遭遇表示一下同情，还真给我空降了两个驴友，他们是一对来自杭州的母子，1990 年的辣妈和她 6 岁大的儿子。这天刚好是儿童节，于是我们三人商量了一下，决定去蜈支洲岛搭伴过个节。

蜈支洲岛坐落在三亚市北部的海棠湾内，整座岛面积 1.48 平方千米，紧靠海口至三亚的高速公路，位置优越，交通便利。从空中俯瞰，岛屿呈不规则的蝴蝶状，距海岸线 2.7 公里，北面与南湾猴岛遥遥相对，南邻美誉“天下第一湾”的亚龙湾，是海南岛周围为数不多的有淡水资源和丰富植被的小岛（岛上植物多达两千余种）。

登岛前，我们预订了 980 元的蜈支洲岛大玩套票（2018 年 6 月价格），里面除了门船票外，还包含了优选进阶潜水、海底漫步、拖伞、大小飞鱼、摩托艇、半潜观光船、平台海钓、香蕉船、休闲 GO（环岛观光车）、陆地冲浪、鱼疗、欢乐海滩（包括水上自行车、电动船、皮划艇）等众多项目，挺实惠的，最关键的是上下岛有贵宾通道，可以免去排队的等候，要知道，时间可就是金钱啊。不过由于带着小朋友，很多项目我们是要放弃的，不是没法玩，就是没时间玩，带孩子嘛，大家懂的！但潜水这一项我们还是体验了的，它和海底漫步放在了一起，全程差不多 20 分钟，蛮刺激的！大家先是在更衣区换好潜水装备，然后就到所谓的潜水课堂去观看教学短片了。视频中会介绍一些潜水的基本常识和技巧，以及紧急情况发生后应采取的必要措施。待一系列准备工作完成后，就该前往指定海域备潜了。这边的潜水教练都是一对一服务的，印象中我和他在海面上漂了老半天，进行了几番详细的沟通后才开始正式往下潜！毫不夸张，下水后的第一秒我就不停地狂伸大拇指出来了。教练问我：“是不是海水不好喝？”“那可不！比脚还咸！”随后，他

水下摆了 N 多个 Pose，不过这一张是我比较中意的！（摄于 2018 年 6 月）

帮我调整了一下呼吸的频率，再次下潜，这次成功触底。在海底漫步的时候，我还让他帮我拍了一套写真大片，那效果真是太棒了！其实作为一个初级玩家，只要是掌握好水下的呼吸节奏和方式，就没什么可怕的。

潜完上了岸，我返回更衣大厅，换好衣服后和他们母子俩会合。辣妈见我一脸兴奋的样子，忍不住说她也要去潜一潜，说完就把宝宝扔给了我，自己转身便走了……初次谋面，这位驴友妈妈对我的信任度可真是够高的呀！其实，我们这样结伴出行在大多数场合还算 OK，唯独是在环岛观光车上和

餐厅就餐时出现了点小尴尬，宝宝一会儿一个“妈妈”，一会儿一个“叔叔”地叫着，这样的称谓不免会引来无数诧异的目光……不去管它，我们开心就好！分别后，宝宝用妈妈的手机给我发来语音消息：“叔叔，我想你！”听完鼻头酸酸的……通过和她们母子俩这一天的短暂接触，我觉得自己未来肯定会是个好爸爸！

当然，在海边玩耍，想必没有不吃海鲜的道理。实话讲，我对海产品的态度着实一般，主要原因是懒，但是，来都来了……“书然海鲜加工店（凤凰海

南山文化旅游区内的放生池。（摄于 2018 年 6 月）

糯糯的海南椰子饭，味道有点像北方的甜粽。（摄于2018年6月）

鲜广场店）"是当地一家性价比超高的别墅餐厅，在天涯区凤凰海鲜加工广场13栋C，一顿吃下来人均八九十元，绝对吃到饱！特色的海南椰子饭隐约和十八年前的味道有所不同，但十八年前究竟是怎样的味道，我的记忆也有些模糊了，毕竟那时的我还很年幼。

旅行的第三天，我又有了新的玩伴！继昨日当了回"爸爸"后，今天又让我做了回"姑爷"！"母子"换"母女"，1992年的小妹妹带着她妈妈到三亚自驾游来了。这次倒不尴尬了，她叫妈，我叫阿姨，任何场合都再合适不过了！

见面后，我们先是一路向东，前往了南山文化旅游区。这是一个依托着独

天涯海角处，风光无限好！（摄于2018年6月）

色、香、味俱全的菠萝炒饭，酸酸甜甜的感觉要比软糯香甜的海南椰子饭更为可口。（摄于 2018 年 6 月）

特的山海天然形态和丰富的历史文化渊源而开发建造的超大型生态文化景区，也是中华人民共和国成立以来中央政府批准兴建的最大的佛教文化主题旅游区。说起这个景区，不得不提到的就是其背后的南山，它面朝南海，坐落在三亚市西南 20 公里处，是中国最南端的山，历来都被称为吉祥福泽之地。有佛教经典记载说，救苦救难的观世音菩萨曾为救度芸芸众生，发过十二大愿，其中第二愿就是“常居南海愿”。再有，唐代的著名大和尚鉴真法师为弘扬佛法，曾多次东渡日本，但均以失败告终。于是，当他第五次漂流到此时，决定在南山上住一段日子，停留期间还坚持建造佛寺，传法布道，就这样生活了一年半。之后，在他第六次东渡日本时，终于取得了成功。还有中国传扬千古的那句佳话“福如东海，寿比南山”同样也是道出了南山与福寿文化的悠久渊源。所以，到这里游玩的人们不仅能领略到热带滨海阳光、沙滩、鲜花、绿树的美景，还能获得佛教文化所带来的心灵慰藉，体味回归自然、天人合一的无限乐趣。

游完南山，下午我们去了象征着甜蜜爱情的天涯海角。景区位于三亚市西南方向 23 公里处，三亚湾和红塘湾之间的岬角上，总面积 16.4 平方千米，因

有两块分别刻着“天涯”和“海角”的巨石及郭沫若先生题写的“天涯海角游览区”而得名。然而，正所谓天有不测风云，我们刚到这里没多大会儿，就下起了瓢泼大雨，没处躲藏，一直把我们淋回了车……

晚餐，三个人来到一家名叫“拾味馆”的全国连锁餐厅，这家餐厅的主打菜是东山羊，相对于海鲜而言，可能我更喜欢牛羊肉，而且它家做得还真是不错！主食菠萝炒饭我觉得也比椰子饭好吃，尝起来有滋有味！

四天的时间很快就过去了，马上我就要飞回北京，再在这270°的海景房里看看漫无边际的大海吧！今天的我对海南的记忆终于不用再停留在儿时了，那时的它在我的脑海中只有满地的蟑螂和天涯海角……如今，蟑螂几乎是看不到了，但海角尚存，那些仍在天涯浪迹的朋友们，是时候也该刹刹车，停一停了，看看这些年被你们错过的身旁的风景。

这就是270°的海景房，推开房门就是大海！（摄于2018年6月）

AIA Vitality
香港亞洲國際都會

3 吃喝玩乐的粤、港、澳

舌尖上的文化名城

2014.04.08—2014.04.09
2015.12.13—2015.12.15
2017.11.16—2017.11.20
2018.08.17—2018.08.20

中国有一个地方，我永远也去不够，那就是广东。最近五年，到访四次，除一次公差以外，其余都是自由行，带父母一次，跟不同朋友有两次，喜欢它的原因无外乎就是吃喝玩乐！虽然走访过多次，但我实际涉足的城市并不多，只有广州、深圳和佛山，后两地的停留时间也比较短暂，尤其佛山，只待了半天，可它们都给我留下了深刻的印象，就拿佛山先来开篇吧。

地处我国华南地区、广东省中部的佛山市，是经国务院批复确定的中国重要制造业基地、珠三角地区西翼经贸中心和综合交通枢纽，也是粤港澳大湾区的重要节点城市，与东面的省会广州市共同构成了“广佛都市圈”，在全省经济发展中处于领先地位。除此之外，佛山还是我国历史文化名城，中国天下四聚、四大名镇之一，有陶艺之乡、武术之乡、粤剧之乡的称号，所以自古经济发达，商业繁荣，文教鼎盛。

初到此地，沟通是我的一大障碍，虽然中国的官方语言是普通话，但广东省大部分地区民间的交流方式仍以粤语为主，在一些公共场合讲讲普通话还算 OK（没问题），比如大型商场、餐厅超市、连锁酒店等，可要想走街串巷，到弄堂深处去转转，对于生活在北京的我来说，还真是寸步难行。好在咱朋友遍天下，圈子里还真有这么个“翻译”能来帮我。她是佛山市地人，我俩已经同游过两回了，第一回在阿联酋，第二回在北京。大家或许会有疑问，相隔千里的我们是怎么相识的呢？要说也算缘分吧，2014 年她跟团去迪拜旅游，我恰好是她们团的领队，带她们玩了一周，过程很愉快，所以临别前互留了联系方式，就这么产生的交集。我想这也算是旅游业从业人员的一大优势吧，能在不知不觉间结交来自五湖四海的朋友。

那天我是下午从广州坐地铁到佛山的，非常近，地铁线全长也才只有 37.96 千米，两地总站往返就 1 个小时，不折不扣的“广佛一家”。由于“翻译”家是做陶艺的，所以碰面后她就直接带我去了石湾公园，一个以陶瓷雕塑为主

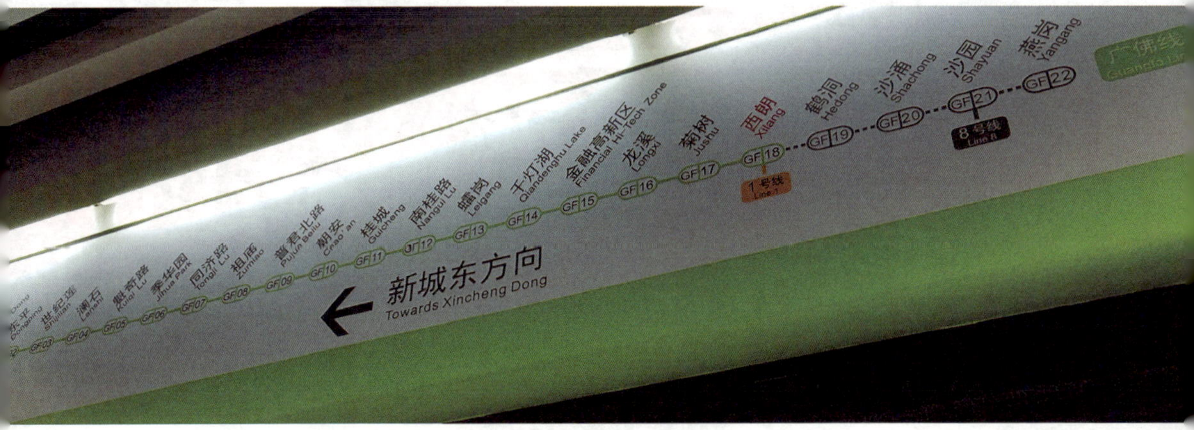

广佛线地铁，把广州和佛山两座城市紧密地联系了起来。（摄于 2017 年 11 月）

题的公园，她家的店也在这里，与著名景区南风古灶相邻。“……陶艺，广泛讲是中国传统古老文化与现代艺术结合而成的一种艺术形式。它与绘画、雕塑、设计，及其他工艺美术等有着无法割舍的传承与比照关系。早在新石器时代晚期的贝丘遗址中，就揭开了石湾烧陶的历史序篇，而成规模出现窑场的历史最迟也可上溯到唐朝，因为在 20 世纪 50 年代到 70 年代间，就曾在石湾和南海奇石发现过唐宋窑址，从里面发掘出的石湾公仔人物塑像，经鉴定后是典型的唐代南方陶器。等到 80 年代中后期，随着西方现代艺术的介入，他们的‘当代陶艺’观念对中国陶瓷艺术产生了广泛而深刻的影响，从而也使‘陶艺’的概念一度成为陶瓷艺术界的新时尚……”我们一边走，她一边认真地给我讲解，那个专注劲儿，就像当年我带她游览一样。不一会儿，我们来到了公园的出口处，正巧这里有位大伯在做豆腐花，她赶忙拉我上前买了一碗。豆腐花其实就是北方人口中的豆腐脑，也是用黄豆，或是豌豆、蚕豆等豆类制作的小吃。我尝了一口，味道是甜的，还有些姜末，不是我的“菜”。

“翻译”家的陶瓷店，貌似我认识了一个土豪……（摄于 2017 年 11 月）

石湾公园一景。（摄于 2017 年 11 月）

离开石湾公园，她说晚餐要请我吃顿正宗点的广式火锅，于是我俩就坐上公交车，直奔了季华美食城的"八合里海记"。这是一家以潮汕牛肉火锅为主打的餐饮品牌，全国连锁，其特点就是厨房里的每一块牛肉，都是在这头牛被宰杀以后到进店完成分解，总时长在四小时以内的肉，加上独到的排酸工艺，确保肉质的鲜嫩爽口。就餐过程中，我注意到服务员每上一盘肉，盘子里都会放一个小标签，提示这道菜要涮几"秒"，夹早了过生，放久了会老，这架势还真让人有点美食家的感觉。

一顿饱餐之后，我俩又从美食城溜溜达达地去了佛山"年轻人"的聚集点——岭南天地。岭南天地位于市区的黄金地段，毗邻全国有名的国家级文保单位东华里，坐拥全城景仰的崇高地位，是中国极少数典藏了深厚历史底蕴的传统富人区。2008 年，为带动当地经济发展，在佛山市和禅城区两级政府的支持及整体策划下，正式启动了中心区域的改造工程，采用"修旧如旧"的方式对祖庙东华里的整个古建筑群进行了修葺、利用，同时还运用现代手法，把这里打造成了一个集文化、旅游、居住、商业为一体的综合街区。

『民信老铺』的双皮奶，看着是不是很诱人。（摄于 2017 年 11 月）

如今，现代时尚与历史文化并存的岭南天地自然吸引了更多的商铺加盟，“民信老铺”就是其中之一，他家的双皮奶很出名，从早到晚都人来人往，我们也是好不容易才等到个位置。双皮奶是一种粤式甜品，就发源于佛山市的顺德区。据说，在清朝末年，当地一位农民早晨起来烹制早餐，不小心地在水牛奶里翻了个花样，无意之中就调出了这流传至今的民间美食“双皮奶”。我盛了一勺放在嘴里，奶香浓郁、口感细腻，有点像北京的“文宇奶酪”，只是更稀更甜，味道刚刚好。

以上就是我在佛山仓促而充实的半日游，仓促到没有工夫去接触市井居民，没有机会去品尝山珍美味，没有时间去打卡观光景点……但是，我见识了历史悠久的手工艺术，吃到了百年流传的民间小吃，增进了机缘巧合的南北友谊，我的内心很充实！

下面该说深圳了，它是中国设立的第一个经济特区，是改革开放的窗口和新兴移民城市，创造过举世瞩目的“深圳速度”，被誉为“中国硅谷”。它不仅在高新技术产业、金融服务、外贸出口、海洋运输、创意文化等多方面占有

京广高铁复兴号列车，最高时速349km/h，朝发夕至，快得不要不要的！（摄于2018年8月）

一席之地，还在我国制度创新、扩大开放等方面肩负着试验和示范的重要使命。当地海陆空铁口岸俱全，是中国拥有口岸数量最多、出入境人员最多、车流量最大的口岸城市，我当时就是乘坐高铁复兴号列车从北京西站直达深圳福田的，全程17站，最高时速349km，朝发夕至，那叫一个快。因为是盛夏八月，我原计划是想躲一躲北京的阴雨天的，却怎料我刚走它就放晴了，深圳倒正好赶上台风登陆，那个狂风暴雨啊，陪伴我整整四天，以致返程的航班都被延误了……

对于外地人来说，深圳市是广东省唯一一个不用说粤语也能生存的地方，因为大多数居民都是外来人口，可我还是叫了一个那边的朋友陪我玩耍，她是东莞人，在深圳工作，我们是之前在塞舌尔的旅行中相识的，时隔半年，再次

现代感十足的深圳街头。（摄于2018年8月）

同游。一见面，我就派给了她一个任务，教我广东话，因为这是我最喜欢的方言，没有之一，可惜的是，回京前我只记住了五句，到现在仅剩三句了。

坦率地讲，那几天都去了哪我已经记不太清了，应该是没吃到什么难忘的美食，貌似当地也没有什么正宗的美食；也没签到什么著名的景点，貌似当地也没有什么网红的景点，但确实有坐滴滴去到过一个叫荔枝公园的地方，那是1982年当地政府在市中心原有的589棵老荔枝林和一片低洼稻田的基础之上，挖湖、铺路、筑亭、造桥而建成的一座公园。印象中园区很大，建有亭、台、楼、阁、水榭、小桥流水、花廊竹径、奇石怪桩等二十多处游览景点。我们当时漫步在公园的石径小道上，两旁栽种的上千株翠竹，随风摇曳；湖边的垂柳犹如江南少女，婀娜多姿。出公园的不远处，深南路上邓小平爷爷的画像就会映入眼帘，那时我的脑海中即刻就浮现出1984年2月，邓爷爷第一次视察深圳时所题的词“深圳的发展和经验证明，我们建立经济特区的政策是正确的”。（观看的视频资料）

除了这些，能让我再回想起来的就是“奈雪の茶”了，这是2015年创立于此的茶饮品牌，并在2019年7月2日入选为“中国茶饮十大品牌”。之所以有印象，是因为这家店的茶我在北京压根儿就没喝上过，回回都是队伍长得看不见尾，我没有耐心等，谁曾想到了深圳仅排号1位，看来啥东西都得追根溯源啊。

这就是我眼中的深圳，一个不需要粤语的地方，一个最不像广东的地方，一个超过80%外来人口的地方，一个不排外的地方，一个没有“趣味”的地方……

最后来谈谈省会广州吧，它是我国的中心城市、超大城市，国际的商贸中心和综合交通枢纽。它历史悠久，自秦朝开始就一直是郡治、州治、府治的所在地，华南地区政治、军事、经济、文化、科教的中心，到明清时期，更是中国唯一对外贸易的港口。除史政经外，广州还是中国的十大美食之都，素有“食

广州的地标性建筑——小蛮腰。
（摄于2017年11月）

在广州”的说法。八大菜系之一的粤菜就是以广州菜为主体和代表的，其选料精细，技艺精良，清而不淡，鲜而不俗，嫩而不生，油而不腻。口味上以清、鲜、嫩、滑、爽、香、脆为主，追求原料的本味和清鲜味。这样烹制出来的菜品，既符合广东省的气候特点，又满足于现代营养学的要求，是一种科学的饮食文化。身为吃货，只要谈到“吃”，那这个城市的话题我就会有很多，前前后后去了三次，每次都是在冬季，每次都是一趟开往春天的高铁，每次的主题都是“逛吃逛吃”……

曾有人这样调侃过，“在广东，天上飞的除了飞机，地下跑的除了汽车，水里游的除了轮船，没有人们不能吃的东西！”虽然是句玩笑话，但也足以证明广东人在“吃”上面的包罗万象！那么在这五花八门的餐食里，最为普遍且最具地域特点的要算广式早茶了，这是中国社交饮食的习俗，是广东传

“泮溪酒家”旁的荔湾公园。（摄于 2015 年 12 月）

统文化中浓墨重彩的一笔。俗话说"食在广州，味在西关"，广州饮早茶，必须来的就是西关，那可是三百多年来广州美食文化的核心区域，也是广式点心的发源地。然而，在今天的地图上已经找不到西关这个地方了，取而代之的是因有"一湾青水绿，两岸荔枝红"美誉的"荔枝湾"而得名的荔湾区。每逢节假日，广东人或扶老携幼，或约上三五知己，齐聚茶楼"叹早茶"（在广东话中"叹"是享受的意思），可见喝早茶在广东人心目中是一种愉快的消遣。

我在广州的那几日基本上是每天转着场喝早茶的，入乡随俗嘛！其中最为地道的要数"泮溪酒家"了，他家的虾饺皇和蒸凤爪让我欲罢不能，尤其是虾

晶莹剔透的水晶虾饺，咬在嘴里醇香浓郁。（摄于 2018 年 8 月）

饺，外皮晶莹通透，嚼在嘴里既爽口弹牙又不粘牙，里面的馅儿是用整只未经冷冻过的虾填充的，适量搭配的猪肉在口味上也没有喧宾夺主，保证了原始的鲜香。据说做虾饺这个想法最初是源于广州河南乡间一家小茶楼的老板，由于茶楼处于水乡，常有渔民在河面叫卖鱼虾，于是老板便开始收买活虾，配以猪肉、笋等作馅，别出心裁地就制作出了这驰名广州的虾饺。至于蒸凤爪，曾有统计数据表明，多年来都是各大酒楼茶市的销售之冠，足以证明广东人民对凤爪由衷的热爱。经过炸与蒸后的凤爪，爆满而松软，一吮即脱骨，内含的胶质营养极其丰富，男女老少皆宜。这样美美地吃过一顿早茶，再到旁边风光旖旎的荔湾湖公园散散步，抑或坐上八桥舫，轻舟船河上，往来穿梭于钟灵毓秀的

各大酒楼茶市的销售之冠——蒸凤爪，一吮即脱骨，男女老少咸宜。（摄于2018年8月）

早茶的红米肠确实让人垂涎欲滴！（摄于 2017 年 11 月）

荔枝湾，心情怎能不好呢！

广东的早茶之所以能够长盛不衰，与其自古以来贸易兴盛、经济发展迅速密不可分。在生意人的眼中，茶楼是商谈重地，可以交换信息，而对于普通人来说，是会朋聚友、谈天说地，换得浮生半日闲的不二之选。如此百搭的民间文化，怎能不延续下去呢？

除了早茶，广州还有很多特色小吃，像“点都德”的艇仔粥，“陶陶居”的牛腩面，“莲香楼”的鸡仔饼，“广州酒家”的红米肠，这些通通都出自于老字号餐厅的大厨之手。而接下来我想说的这个馆子虽然没有那么大众化，但他家煲仔饭的口碑也是相当好，那就是“惠食酒家”。

我去的是名豪轩分店，地铁加步行，还算好找。餐厅面积不大，加起来

“小炳胜”的叉烧肉，看着诱人不？你有没有开始流口水？（摄于 2017 年 11 月）

“惠食佳”的腊味煲仔饭，这就是四分之一的量，对我来说，一碗足矣！（摄于 2017 年 11 月）

能摆下二十几张桌子，装修风格有点像五十年前的广州，年代感超强。我挑了个犄角儿的位置坐下，招呼服务员过来点餐。她态度很好，主动和我讲起普通话，并在得知我是一人就餐的情况下，再三和我确定是不是要点“一份”煲仔饭，我也不懂她问这话的意思啊，就说“是”，服务员听后还是很耐心地告诉我“您也可以叫‘半份’的”，最后我才得知一份是四人量！煲仔饭也称瓦煲饭，是广州的特色美食，在街头巷尾，卖煲仔饭的小铺随处可见，有腊味煲仔饭、豆豉排骨煲仔饭等。它们的制作方法简单便捷，通常是在煲里现刷猪油，然后把淘好的米放入煲中，倒入适量的水，加盖把米饭煲至七成熟，再倒入配料，转用慢火煲熟，整个过程耗时 20~30 分钟。这样操作下来，吃的时候，白饭部分软糯生香，锅粑部分嚼起来嘎嘣脆，那种由煲仔带出的

“吴系茶餐厅”的深井烧鹅，味道赞赞哒。（摄于 2017 年 11 月）

“盆满钵满”的白云猪手，卖相着实不错，不过个人感觉口味一般。对了，“盆满钵满”是餐厅的名称，在白云山云台花园旁。（摄于 2017 年 11 月）

特有饭味，会令人食欲大增。如果牙口不好，还可以把饭倒入汤里泡一会儿再吃，同样可口。

关于“吃”这方面，我最后要说的一个就是“喜茶”了，北京的朋友都知道，无论何时，这家“茶馆”的等位排上一二百人都是正常的事。但在广州，即便是周末，最多等个两分钟就能喝上，而且据当地的朋友讲，这在广州已是即将过气儿的夕阳饮品了。

当然，除去美食，广州也不缺“玩”的地方，这里的人常游的山是白云山，常戏的水是珠江水，常打卡的地标是“小蛮腰”；这里有当地天主教区最大的

广州塔上望珠江。（摄于 2015 年 12 月）

石室圣心大教堂，有当地最大的综合性公园越秀公园，有当地最大的陈氏书院陈家祠……尽管这些都算不上是举世闻名，但它们仍有自己的独特之处，我就拿越秀公园来举例吧。

越秀公园是广州最早的公园，自元代以来就是羊城八景之一。它的主体是越秀山，因西汉时南越王赵佗在山上建的“朝汉台”而得名。

公园很大，园内有镇海楼、明代古城墙、四方炮台、中山纪念碑、伍廷芳墓、绍武君臣冢、五羊石雕等景点，还有清代所建的一座石牌坊，上面刻着“古之楚亭”四字，视为广州的雏形。我粗略地在里面走了一圈，发现它

石室圣心大教堂，转了一圈，我终于明白为什么那么多人都想在天主教教堂里办婚礼了。（摄于 2017 年 11 月）

广州最大的陈氏书院——陈家祠。（摄于 2017 年 11 月）

的确是个老少皆宜的好去处。

至此，广州的行程也分享完了，其实想表达的东西还有很多，上面说的这些只是冰山一角。总而言之，我非常喜欢广东，喜欢这里的气候、这里的味道、这里的文化、这里的语言，喜欢这里的一切……

这就是灯红酒绿的广州市区。（摄于 2015 年 12 月）

2015.12.15—2015.12.18
2017.11.20—2017.11.25
2018.08.18—2018.08.19

乐无尽的动感之都，夜不眠的博彩莲岛

中国除了广东以外，香港应该是我自由行前往次数最多的地方了，自2015年第一次带父母去了之后，几乎每年都要找各种机会走一趟。说来也巧，目前赴港三次，每一次都是铁路出行，两次在广州东站中转，一次在深圳罗湖中转，去年（2019年）好不容易等到京港高铁开通了，朝发北京夕至西九龙，谁曾想我刚要体验一把，又由于某些特殊原因被迫搁浅了。那究竟是什么让我对香港这座城市如此痴迷呢？或许我的答案和大家不太一样，它吸引我的不是“买买买”，而是童年时代的一些记忆，让我对那里充满了好奇；它留给我的深刻印象不是摩天大楼和时尚科技，而是历史遗留因素所导致的环境氛围，让我真真切切地感受到了最西方的中国。接下来我就聊聊自己旅行的经历吧，因为每次的旅伴都不一样，去的地方也不尽相同，那么就选择时间最长的那次港澳行来和大家分享吧。

初冬的一个下午，我坐火车从广州到了香港九龙红磡站。由于之前一直被某人倡导着要节俭出行，加之地图上显示最近的地铁站离我要住的地方也只有1.5公里，这点路对正当年的我来说太过容易了，于是出站后我没有叫计程车，而是买了张八达通卡（市政交通一卡通），转乘了地铁。但去过香港的朋友都知道，这边的路不全是平的，而是高高低低起伏不定的，但地图上标注的只是平面距离。因此，下了地铁，我不得不拖着重达40磅的箱子和10磅的双肩背包，开始“爬山”，那个狼狈相就别提了，路上擦身而过的行人都向我投来了震惊的眼神。不过话说回来，在不负重的情况下，步行或者公共交通在香港还是很舒适便捷的。

在不负重的情况下，港铁的体验还是蛮不错的。（摄于2017年11月）

“爬”了足足 30 分钟，我终于到了酒店。它的位置很好，在湾仔区的皇后大道东，尽管房间不大，但干净卫生，还提供一部可以免费全球通话的手机，并能不限流量开设 Wi-Fi 热点。住在这样的环境里，即便是累得脑仁儿几乎要炸开的我对某人有再多的埋怨，此时的内心也不免会平复许多，坐下稍事休息一会儿，就出去觅食了。

原计划当晚是要找“兰芳园茶餐厅”的，它是港式奶茶的始祖，现存香港最悠久的奶茶铺。结果我兜了一大圈子，好不容易找到了地方，却被告知这段时间歇业，真是白费力气。好在不远处就有另一家久负盛名的老店铺——九记牛腩，这才让我那颗即将失落的心又重燃了希望！这家店是一个不大的门脸儿房，但据说全年都要排队。起初我以为是空间有限，后来听排在前面的食客讲，香港演艺界有很多名人，像张国荣、谭咏麟、关之琳等都是这里的常客，我才

“众星捧月”般的“九记牛腩”，永远都是这么人气十足。（摄于 2017 年 11 月）

明白排队的缘由不是他家的地方小，而是味道好。在门口等了大概 20 分钟，我被服务员叫了进去，却发现还是要拼桌的，人气就是这么高。这里的清汤牛腩面和咖喱牛腩筋伊面是招牌，煲熬数小时的牛腩与牛骨香味扑鼻，吃起来绵软可口，再往清汤里加些白萝卜，更是美味至极，一碗吃下来 40 港币，价格也很合理，十分值得尝试。饭后，我溜达到兰桂坊，这个由德己立街、威灵顿街、云咸街、安里、仁寿里、荣华里构成的酒吧餐饮街区，是香港夜生活的重要场所之一，深受年青一代、外籍人士和游客的欢迎。我随便找了个 bar（酒吧）坐下，点上一杯 Cocktail（鸡尾酒），听了听现场演出，感觉很是不错！ It is not the Hong Kong night without alcohol in Lan Kwai Fong （如果不在兰桂坊里喝上一杯，就不叫真正的香港夜生活）！ BTW（顺便说一句），结账时如果没有正合适的现金，就找张数额接近的整钱来支付，因为大部分情况是不设

从太平山顶望下去的香港市容，虽然有些轻度的雾霾，但它时尚和繁荣的景象依旧清晰可见。（摄于 2015 年 12 月）

找赎的，多出来的就默认成小费了。

回到酒店，我躺在床上，回想着这大半天的所见所闻，想着想着，就进入了梦乡。

一觉醒来，崭新的一天开始了，吃过早餐，我便踏上了旅途。和大多数初次访港的游客类似，我的首站也是地标性建筑——金紫荆广场，它在香港会展中心的旁边，是为纪念香港回归祖国而设立的。从大巴上下来，远远的我就能看见“永远盛开的紫荆花”雕塑，它在阳光下光彩夺目。这是1997年中央人民政府赠给香港的，寓意香港永远繁荣昌盛。接下来我去的是香港最具代表性的海湾——浅水湾。它在太平山的南面，依山傍海，呈新月形，号称“天下第一湾”，有“东方夏威夷”的美誉。站在沙滩上，我遥望海湾的坡地，那里别墅群林立，其中就包括了港商李嘉诚、包玉刚的豪宅，是实至名归的富人区。另外，浅水湾还是香港最受欢迎、交通最方便的泳滩，我当时要是穿了泳裤，肯定也一猛

子扎下去了。

简单地吃过午饭，下午的时间我就彻彻底底“嗨皮”在了海洋公园。这是一座集海陆动物、机械游戏、大型表演于一身的世界级主题公园，也是全球最受欢迎、入场人次最多的主题公园，并在2012年获得了国际游乐园及景点协会博览会（International Association of Amusement Parks and Attractions，IAAPA）颁发的顶尖荣誉大奖“2012 Applause Award”，从而成为了亚洲首家摘此殊荣的主题公园。园内共分为两大区域，分别是“高峰乐园”和“海滨乐园”，以登山缆车和海洋列车相互连接。在园区里，我仿佛回到了小时候，水族馆、动物园、旋转木马、马戏团，挨个都要玩一遍。一边玩我就一边在想：是不是每个人的心里都住着个孩子？每个孩子的愿望都是不要长大呢？

离开海洋公园时已是傍晚，奔波一天的我可以说是精疲力竭，但行程仍在

维多利亚港的夜色，美得很难用言语来形容。（摄于2015年12月）

中环码头旁边的香港摩天轮，每晚都是熙熙攘攘的。（摄于 2018 年 8 月）

曲径通幽处的石澳新村，浪花拍打着岸边的礁石，放眼望去，海阔天空。（摄于 2017 年 11 月）

继续。我拖着麻木的双腿来到了九龙红磡渡轮码头，登上洋紫荆号游船，准备欣赏夜晚的维多利亚。维港是世界第三大的港口，仅次于美国的旧金山和巴西的里约热内卢，地处香港岛与九龙半岛之间。每逢除夕夜，这里都会有数十万名港民聚集，一同迎接新年，那场面热闹非凡。船离港后，我站到甲板上，两岸的灯光秀让我目不暇接。香港岛这侧是充满现代感的高楼大厦和香港会展新翼，配着怀旧的天星小轮，象征现在与过去同框；九龙那岸则是代表着未来的香港艺术馆和香港太空馆。南北两岸的 Light Show（灯光秀）遥相呼应，大有你方秀罢我登场的架势。

随着洋紫荆号游轮的靠港，我充实的一天结束了，这座灯红酒绿的不夜城，它的美无法形容……

第三天的行程就不再常规化了，我早上先是搭乘首班大巴去了一个不那么被人熟知的小岛，它位于香港南区的东部，叫石澳，是香港岛南岸的半岛，面向南中国海。途中走了许多山路，车道两旁的景色很美，大巴师傅也是个经验丰富的老司机，我们一路“漂移”，那叫一个刺激！下车后，我发现这个岛很清静，可能是过于偏僻吧，不仅没什么游客，就连当地人也不多，真有那么点曲径通幽处的感觉。我顺着大路往里走，没过多久就看到一片美丽的海滩，旁边坐落着不少红红绿绿的村落房舍。网上说有很多粤语金曲 MV 的取景地都在

依然存在的歪脖树，只可惜经过岁月的洗礼，已无法再独立地傲然于此了。（摄于2017年11月）

这里，也有不少以“石澳海边”为背景的言情小说，但给我印象最深刻的还数星爷当年自导自演的那部电影《喜剧之王》，几乎全片都是在这里拍摄的，尤其是尹天仇面授柳飘飘吻戏的那棵歪脖树，依然存在！那句经典的“我养你啊”，以及那段振奋人心的《Here We are Again》，依旧在耳畔不时回响！除此之外，这边还有一条令人心旷神怡的山脊小道，沿路往上走，周边海洋与群山的美景尽收眼底。

游完石澳，我坐大巴原路返回到起点，又换乘地铁去了西九龙区。那是香港较为繁华的商业区和旅游区，也是黄、赌、毒、夜生活相对集中的区域，那么我来这里究竟是做什么呢？70 后、80 后应该能猜到，没错，就是打卡西九龙总区警察总部，这是一个自我记事起就默默种了草的地方，今天终于可以拔了！当传说中的警局出现在眼前时，我脑海中又不禁回想起了港片中那句经典的台词“我是西九龙重案组高级督察 ×××……”，它贯穿了我的整个青春时代。

至此，当天的观光环节就告一段落了，接下来该开启美食之旅了。要知道，香港可不仅是购物者们的天堂，它也是吃货们的伊甸园，我就发现了两家明星级的路边摊，既经济又美味。一家名叫十八座狗仔粉，在佐敦白加士街 120 号，

日夜繁忙的海港，车流不息的街头。（摄于 2018 年 8 月）

街巷中的任意一景，都能体现出地道的港范儿。（摄于 2018 年 8 月）

店面很小，就餐区纯户外，非常“接地气儿”，属于典型的苍蝇馆。老板娘见我来光顾，先是用广东话主动和我打招呼，看我连连摆手，赶忙转为港式普通话，并根据我的口味给出了合理建议。最后我点了招牌狗仔粉、香辣鱼丸和香容烧麦，都非常好吃，香的真香，辣的真辣，回味无穷。另一家是被米其林指南评为高口碑街边甜品店的“佳佳甜品”，离“狗仔粉”不远，也是一个路旁小店，但已经营了四十多年，深受周围居民喜爱。自开业以来，这里的十多款糖水就从未改变过，看似简单却蕴含着老板几十年的坚持。佳佳的服务也很赞，开门迎宾，微笑送客，全程标准普通话交流，不愧为上榜商家。

当然，身为一个有品位的吃货，雅俗共赏是必备属性，能吃得惯路边摊，也得上得了大雅堂，所以此行我还有另一个目的，就是品鉴地地道道的米其林三星餐厅。了解美食圈的朋友都知道，目前中国大陆（截至 2017 年底）还没有一个真正意义上的三星餐厅，个别所谓的“米其林”也只是打着三星主厨助阵的噱头来做宣传而招揽生意罢了，实际上并未得到官方挂星认可。香港这家餐厅名叫龙景轩，在四季酒店四层，坐拥九龙半岛最亮丽的景色，是新派高级粤菜的典范。为了这顿饭，我可是提前两个月就预约了，因为米其林餐厅从不接受“空降”。如此霸气的条款，它究竟牛在哪呢？看看官方评级就明白了，网上解释得很清楚，无须我赘述，但我想肯定地说，龙景轩的三星水准实至名归！由于我预订的是 18:30 的餐位，但当天的交通状况出乎意料地好，我 17:55 就到了，和服务员确认信息无误后，便在旁边耐心等待。18 点整，（餐厅晚市开餐时间 18:00），服务员朝我走来，面带微笑，再次用温柔的普通话和我打了个招呼，就把我领进了餐厅。我的运气不错，被安排在了窗边的座位，这是能俯瞰维港夜色最好的角度。入座后，根据粤式传统，服务员询问我需要什么茶水，我点了壶普洱。接着，一位帅气的 Sommelier（侍酒师）推来酒车，先是致歉自己的普通话不够标准，敬请原谅，随后就开始介绍起各种酒的历史和文化，以香槟为主。我是不太懂酒的，只记得他说不同的酒要用不同的杯子来喝，但为装装样子，还是让他推荐了两杯（这里的酒超贵，随便一瓶就大几千或上万，我只敢论杯点）。后续的点餐环节就比较轻松了，前菜我点了六道式的主厨拼盘，热菜是龙景轩小炒皇，主食龙景轩炒饭，餐后甜品芒果杨枝甘露，以上这些全是来自某点评 APP 的推荐菜品。就餐过程中，每上一道菜，服务员都会介绍菜的做法和吃法，每用完一道菜，整套餐具也都会做更换，而且我注意到所有餐具上均印有龙景轩的 logo（标识）。桌上的茶水只要低于杯子的三分之二处，就会被添加至四分之三。如果中途要用洗手间，服务员也会亲自把客人领到卫生间的门口，并在外等候，待客人解决完，再领回餐桌，这就是细节，就是品质！餐毕，经理还会附送包装精美的小礼物以示感谢。总之，从我进入餐厅的

“龙景轩”餐厅的景观位，一边吃一边俯瞰夜幕下的维港。（摄于2017年11月）

那一刻起直到用餐结束，自己的手除了用于吃东西，再无他用，真像电影《私人订制》里的桥段，人到门开，桌到椅挪，入座椅收。总体评价，龙景轩——名副其实的米其林三星中餐厅！

就这样，我充分满足了自己的味蕾后，美滋滋地回酒店休息了。

要问我在香港还体验了什么，那一定是最具知名度和人气的迪士尼乐园了。历史上首家迪士尼乐园是由华特·迪士尼创办的，1955年7月在美国加州开园，截至2016年底，已在全球范围内开设了六座度假区。香港新界大屿山的这个是第五座，也是亚洲第二座，中国第一座迪士尼乐园，于2005年9月12日正式对外开放。

也许很多人不知道，其实“迪士尼乐园”只是“迪士尼度假区”的一部分。

通常情况下，除乐园外，度假区还包括了主题酒店、迪士尼小镇和一系列休闲娱乐设施，而大多数游客口中的“迪士尼”实际上只是指其内部主题园区所包含的游乐项目而已。

香港迪士尼乐园共分为七个园区：美国小镇大街、探险世界、幻想世界、明日世界、玩具总动员大本营、灰熊山谷和迷离庄园，其中后两项是全球独有的。每当夜幕降临，乐园还会为游客呈献花车巡游和烟火会演。

为了多些时间游览，我是一大早开门就进去了，到晚上闭园才离开。总体来讲，公园没有预期的大，但可喜的是工作日游人也没有预想的多，70% 的项目都不会太耗时，排个三五分钟就能玩上了，显然错峰出行很重要！公园里的吃喝比较贵，随便点个套餐也要 100 港币起，味道相当一般，而且服务态度不敢恭维……交通方面，年轻人可以选择地铁，有迪士尼专线，能直达园区大门，上了岁数或是行动不便的，可以考虑包车，比 Taxi（出租车）便

中国的第一座迪士尼乐园，不是最大，不是最好，但绝对最早。（摄于 2017 年 11 月）

宜不少。

香港聊得差不多了，下面我再来说说澳门。从地图上看，澳门地处珠江三角洲西岸，由澳门半岛、氹仔岛和路环岛组成。从历史上看，葡萄牙人是在1553年取得澳门居住权的，1887年12月1日正式占领了澳门，直到1999年12月20日，中国政府才恢复了对澳门的行使主权。历经一百多年的东西方文化碰撞，今天的澳门已变身成为了一个国际自由港和世界旅游休闲的中心，尤以娱乐场最为著名！同时，大量文化遗迹的留存还让其历史城区在2005年7月15日被联合国教科文组织列为了世界文化遗产。

从香港赴澳门最经济快捷的交通方式就是海路了，只要在出发前上官网买好船票，登船前半小时去港口换票就OK（好了）啦。然而，旅途中的小插曲终于出现了，一向办事谨慎的我居然把登船时间给记错了，到港澳码头时才发现离关闸还不足20分钟。于是，惊慌失措的我顿时三步并作两步地拉着行李狂奔，好在及时赶到了闸口。可就在我即将登船的那一刻，突然瞥见了第一天错过的“兰芳园奶茶铺”就在旁边，瞬时又停下了脚步，径直走向柜台，买了一杯丝袜奶茶和一个猪扒包后才继续登船，这种淡定的吃货精神连我自己都感动了。

在海上颠簸了近一个小时，我来到了澳门的氹仔客运码头。大堂里有很多穿着靓丽的姑娘，她们隶属于不同酒店的赌场，是专程过来揽客或迎接要客的。我住的地方在半岛，是澳门居民的主要聚居地，也是开发最早的地区，有超过四百年的历史，但酒店里没有赌场，所以无人接我，只能去路边拦出租车了。办理完入住，我走进房间，室内的面积要比香港的房间大不少，设施和环境也略胜一筹，住起来更加舒服。

来澳门的第一晚，我没有去惹火的娱乐场挥金如土，而是又坐在一家奢华的餐馆里，品尝了一顿饕餮盛宴。餐厅位于新葡京酒店的二层，叫The Eight，也是家三星级米其林餐厅，曾在杜琪峰导演执导的电影《盲探》中出现过。

俗话说，世间万物就怕比，同是三颗星，在服务和就餐氛围上，“8”就有别于龙景轩，尤其是点单方面，服务员给出的建议让人隐约有种“吃大户”的感觉，因此我微微有些排斥。好在后期的荐酒环节上，餐厅经理使用了些技巧，并通过我点的单为我选酒，以致最后我都心甘情愿地让她决定了。其实客人的钱说好赚也好赚，就看你有没有那个水平！餐食方面，“8”的菜量要大于龙景轩，价格上也会略低一些，口味上也更适合我，特别是主打的乳猪焗饭。就餐过程中的仪式感没有龙景轩的那么强烈，相对会让人放松一些。硬件配置上也要更加先进，连同卫生间在内的所有门均配备了红外遥感开闭功能，完全解放了双手，且永远不用担心迷路，因为一扇门打开，你进入后，第二道门就会随之开启，只要跟着自动门的开闭，就能找到所有的路……综合来看，我认为这也是一次

『The Eight』的乳猪焗饭，色、香、味俱佳！（摄于2017年11月）

不错的美食体验，如果非要二选一的话，口味 The Eight 占优，服务龙景轩更好。

品鉴完大餐，第二天我就要去探索城市了，像大三巴牌坊、天后宫、妈阁庙、澳门塔等这些大家耳熟能详的景点，几乎都在澳门半岛的市区。首先我来到的是妈阁庙，原称妈祖阁，俗称天后庙。它在半岛的西南面，背山面海，沿岸而修，石狮镇门，飞檐凌空，是澳门的三大禅院之一，主要供奉的是道教女仙妈祖。作为世界上唯一一个以妈祖命名的城市，妈阁庙距今已有五百多年的历史了，始建于明弘治元年（1488 年）。每逢春节和农历的三月二十三（娘妈诞期），庙内香火都甚为鼎盛。从除夕夜开始，就会有不少善男信女前来拜神祈福，而娘妈诞期前后，更是会在庙前空地搭建起一个大竹棚来作为临时的舞台，上演神功戏。届时，庙宇内外，好不热闹。

蜻蜓点水式地游览完妈祖阁，接着我就去了全球十大观光塔之一的澳门塔。它总高度为 338 米（相当于 56 层楼），主观光层距地面 223 米，是世界第八高观光钢塔（东南亚最高），超越了巴黎的埃菲尔铁塔。然而，这座新的澳门标志性建筑在 1998 年动工之前却引发过大量争议。当时正值亚洲的金融危机，其发展前景不被各行各业的大佬们看好，所以迟迟得不到资金注入。最后还是澳门旅游娱乐有限公司总经理何鸿燊先生站了出来，他坚信 1999 年回归以后，澳门塔必定会有市场，于是独自出资 10 亿澳元，支持修建工程。经过三年的时间，澳门塔于 2001 年 12 月 19 日竣工揭幕，正式开始接待游客。如今，澳门塔已成为当地著名的游览景点，而投资人却与世长辞了，这不免会让人有些感伤。毕竟，没有他，就没有澳门塔。

第三站我来到了“澳门八景”之一的大三巴牌坊，也叫圣保禄大教堂遗址。可以说它是这里最具代表性的名胜古迹，是当之无愧的东西方文化交融的见证者！为何这样说呢？这就不得不从 1569 年说起了，那时的大三巴周边就兴建了圣加扎西医院和圣保禄学院，这意味着西医、西药、西方教育已开始流入中国。到了 1580 年，天主之母教堂竣工，也就是糅合了欧洲文艺复兴时期特点

历经了四百多年沧桑的大三巴牌坊，是东西方文化交融当之无愧的见证者。（摄于 2017 年 11 月）

和东方古典建筑风格的圣保禄大教堂。三年后，著名的传教士利玛窦又是在这里把世界地图改绘为《万国图》，并加上中文标识，送给中国地方政府的。再等到 1999 年澳门回归祖国，前前后后历经了四百多年沧桑的大三巴牌坊才终于迎来了辉煌的新生。所以说它见证了西方文明进入华夏大地的全过程！

游览至此，历史文化的篇章就要翻过去了，下一步该进入“吃”和“玩”的阶段。来之前听朋友介绍说，到澳门是一定要尝尝“谭家鱼翅”的，我上网一搜，就在大三巴附近，没走几步就找到了。这是一家百年小吃店，店面不大，环境一般，但鱼翅的种类有很多，档次也分三六九等，价格更是千差万别。因为错过了午市时段，我没有等位，直接入座就下单了。刚上桌的鱼翅会在冒着泡的石锅里不停地翻滚着，要凉一下才能吃。可迫不及待的我盛了勺汤汁就放进了嘴里，滚烫的同时也体会到了味道的鲜美，紧跟着又吸溜一筷子鱼翅，那口感极其顺滑，搭配着米饭搅拌均匀，简直是人间美味。

在澳门还必须要吃的就是葡式蛋挞，因为葡挞属当地的特色小食。其实，最早的葡式蛋挞来自于一个名叫 Andrew Stow 的英国人，是他在里斯本附近的城市吃到了传统点心 Pasteis de Nata 后想做一些改良，于是便试着将自己的创意加入了食谱里。苍天不负有心人，终于他在 1989 年开设了自己的第一家“安德鲁饼店”，并深受食客们的喜爱。而今天的澳门街头，我们不难发现

滚烫的“谭家鱼翅”，吃在嘴里极其顺滑。（摄于 2017 年 11 月）

还有另一家网红的蛋挞店叫玛嘉烈，那是安德鲁的妻子开的。这看似再正常不过的商业行为背后实际上还隐藏了一个小小的八卦故事。故事发生在1996年，原本幸福的一对小夫妻却遇到了情感上的危机，并最终导致二人婚姻的破裂。在澳门土生土长的玛嘉烈极具美食天赋，于是离婚后她便开始另起炉灶，把自己名下的“安德鲁”店铺全部更名为“玛嘉烈”，之后又纷纷在香港和台湾落户，不经意间就引起了一阵葡挞旋风。从此以后，玛嘉烈蛋挞经众多观光客的口口相传，也逐渐成为了享誉世界的经典美食。换句话说，葡挞虽为安德鲁所创，但如今能扬名海内外还要拜他与妻子的婚变所赐。

新濠影汇的“8”字摩天轮，无论从哪个角度看，都显得那么地气派。（摄于2017年11月）

“吃”也说完了，最后就剩“玩”了。来澳门旅行，到赌场转一转还是有必要的，正所谓小赌怡情嘛！但除了这些纸醉金迷的娱乐场外，我还体验了另外两个休闲项目，个是“8”字摩天轮，它耸立于拥有1600间客房的新濠影汇的两栋酒店大楼之间，高130米，是亚洲最高的摩天轮。这个摩天轮的设计概念源自好莱坞巨制中的震撼场景，主要就是楼宇间那个近乎完美的“8”字形镂空，就像是两颗炽热的行星冲击楼体外墙后而特意留下的，很讨国人欢心。摩天轮一共有17个不同主题的观景包厢，底部是一块透明的大玻璃，环绕一圈约12分钟。我是晚上来体验的，整个氹仔的夜景一览无余！另一个项目是贡多拉游船，在威尼斯人度假村三楼的大运河购物中心。贡多拉又名“公朵拉”，

威尼斯人度假村“大运河”上的贡多拉游船，伴随着船夫优雅曼妙的歌声，将会开启一段难忘的“漂流”之旅！（摄于2017年11月）

是独具特色的威尼斯尖舟，有一千多年的历史了，一直是居住在泻湖上的威尼斯人的代步工具。截至目前，这条标志性的小船在城市的公共交通上仍起着重要的作用，扮演着渡轮的角色。当我乘坐着制作精巧的贡多拉游船，伴随着船夫优雅美妙的歌声浪漫地泛舟于运河之上时，那种感觉真的无比惬意。

以上便是我在港澳六天的吃喝玩乐行，用一段话概括就是：香港，一个百来不厌的地方；粤菜，一个百吃不腻的菜系；广东话，一个百听不烦的方言！即便这里的人偶尔会排外，会拜金，会世故，会古板，但依然无法削减半点我对它的热爱。至于隔海相望的澳门，它貌似在世界民众眼中还算不上是一个令人心驰神往的目的地。论赌场，它没有美国拉斯维加斯的出名；论美食，它没有欧洲法式料理的细腻；论景色，它没有中国大陆山河湖泊的壮丽。但是，澳门博彩业的收入已远超 Vegas，排名四大赌城第一；澳门葡式蛋挞考究的烘焙方法，完全不输于法式大餐的烹饪工序；澳门市区的名胜遗迹，其背后历史所带来的心灵震撼，照样可以媲美大好河山的视觉冲击……简言之：乐无尽的香港，夜不眠的澳门！

4 海外的异域风情

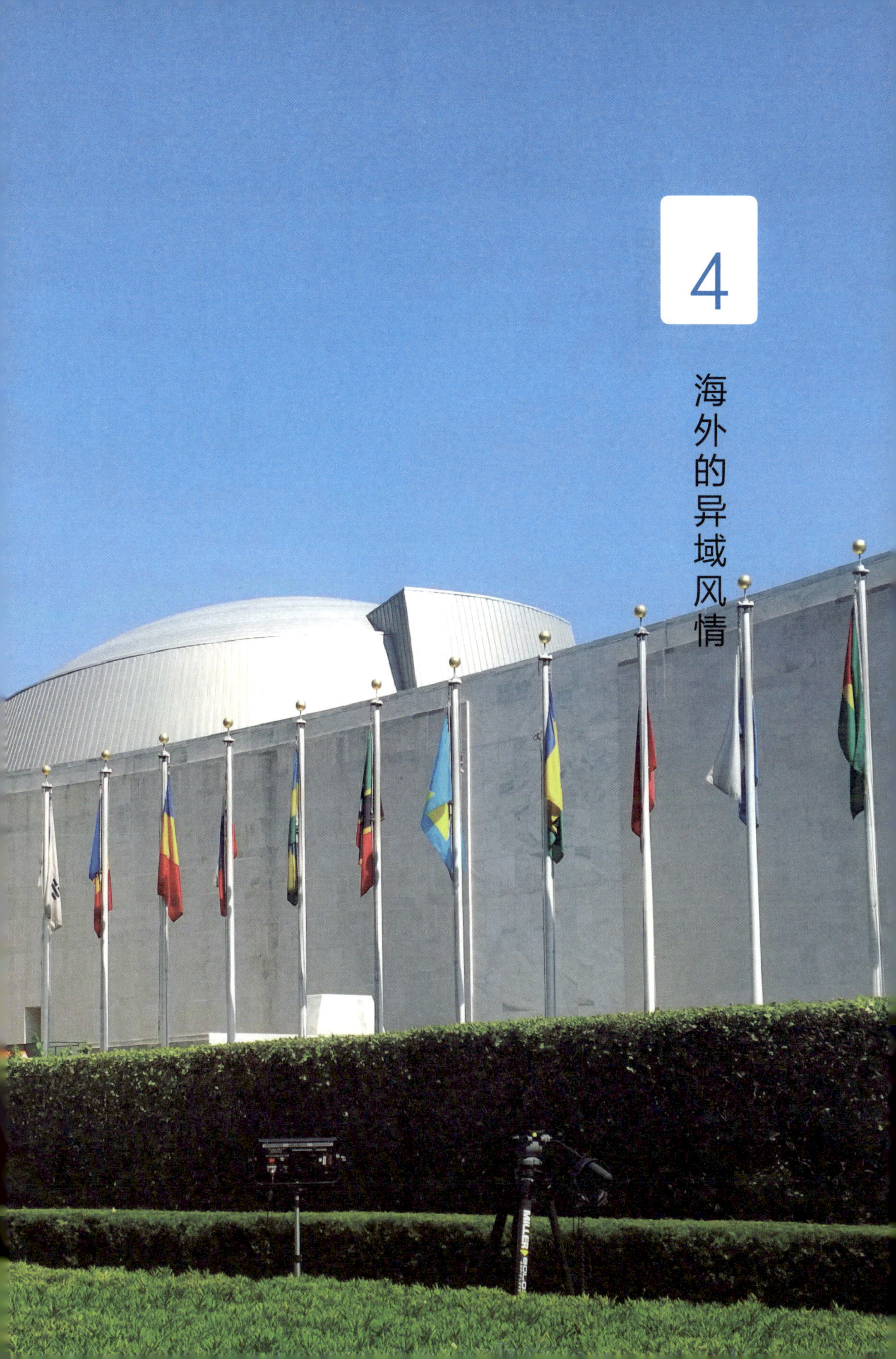

微信扫码
足不出户带你“吃遍”人间美味
配套音频 高清美图
作者感悟 杂感随笔

2018.06.25—2018.06.30

海洋上的奢华——皇家加勒比

提到奢华的旅行，你会想到什么？“一对一”式的全球私人订制，新加坡航空的航班套房，七星级的迪拜卓美亚帆船酒店，米其林三星大厨烹调的一日三餐？以上说的这些虽奢华但却是我所没有经历过的。孔子云：“知之为知之，不知为不知，是知也”，所以接下来我要介绍的这一项则是我亲身体验过的，它就是来自海洋上的奢华——皇家加勒比国际邮轮！

邮轮，原意是指海洋上定线、定期航行的大型客运轮船。因“邮”字本身就具有交通的含义，且过去跨洋的邮件也都是由这种大型快速客轮运载的，故此得名。“二战”后，随着大多数军用工业开始向民用工业转型，加之航空业的出现并飞速发展，这种传统的跨洋型轮船就逐渐退出了历史舞台，毕竟相对于航空运输来说，它们的速度太慢、耗时太长。所以，今天我们口中再提及的邮轮，大部分是指海洋中航行的旅游客轮。

打开互联网的网页，在任意一个搜索引擎上输入“邮轮旅行”四个字，弹出来的选项都是形形色色的，光船方公司就有好几十家，排在首页的大都是家喻户晓的公主邮轮、诺唯真邮轮、地中海邮轮，以及低调却不输豪气的挪威邮轮、冠达邮轮等。当然，还有我即将要和大家分享的皇家加勒比国际邮轮，它是皇家加勒比邮轮有限公司旗下的品牌，成立于1968年，总部位于美国迈阿密，曾十一年蝉联“最佳邮轮公司”，是一个备受赞誉的全球性邮轮品牌。该公司有邮轮25艘，均具备多种功能和设施，如百老汇式演出、大中小型娱乐项目（赌场、泳池、酒吧、篮球场、台球厅、碰碰车等）、多国料理等。航线上也是遍布了众多的旅游胜地，像加勒比海、欧洲、阿拉斯加、南美洲、澳大利亚、亚洲等，均有涉及。

这次的奢华之旅我是带父母一起进行的，以此来作为母亲节和父亲节的礼物。皇家加勒比从中国母港出发的邮轮不少（超量子系列、量子系列、绿洲系列、

皇家加勒比国际邮轮——海洋赞礼号。（摄于2018年6月）

自由系列、航行者系列），我们选乘的是海洋赞礼号（又名皇家赞礼号），它是量子系列中的第三艘新船，也是2016年亚洲最大的邮轮，总吨位数167866吨，长348米，宽41米，平均航速22节，甲板楼层18层，舱房2094间，满载客量4905人，船员1500人。它不仅继承了前两艘轮船（海洋量子号和海洋圣歌号）的优点，还弥补了它们的不足，并因其极富创意和高科技含量的设施，被誉为“来自未来的邮轮”。

登船日当天，我们一家三口是坐着船方安排的大巴，从北京市区奔赴天津的，中午前后到达的东疆码头。这趟航线的目的地是日本，全程五晚六天，上岸观光两次，分别是北九州和福冈。在码头按照船方临行前发来的登船步骤和要求办理完手续后，我们就上船了。

我订的房间是家庭阳台房，在13层。推开房门，迎面是一张大床，左手边是电视，右手边是卫生间和淋浴室，靠近阳台的位置有一面梳妆镜、一个写字台和一张沙发床，总面积18平方米。在这狭小的空间里挤下三个成年人确实有些局促，但房间整体布局还算合理，设备也比较齐全。而且，对于热爱大海的人来讲，室外5平方米的私人露台更可谓具有相当大的吸引力，无论是沐浴着日光在躺椅上享受着西式早餐，还是凭栏远眺海面上的落日余晖，都将是舒适宜人的。

登船首日我们要做的事情有很多，其中最重要的一项就是逃生演习。所有宾客需在船的汽笛声和警钟声中，步行前往邮轮4层或5层的紧急集合站（集合站号码会印在船卡和皇家手环上）观看影片，学习特殊情况下应采取的必要措施和相关的安全知识。为确保全员出席，届时船上的全部娱乐设施和服务也会关闭，直到演习结束。之后，我们还要去预订餐厅的用餐时间和娱乐项目的使用日期，或者确认先前在网络上的订单，因为船上区域有限，从某种意义上讲也算是拿号排个位。最后要做的就是熟悉环境了，毕竟将在这上面生活六天，得大致了解下能吃什么玩什么。

这邮轮可真是大呀，我们仨人在上面整整转悠了两个钟头，愣是没走遍，光酒吧就有10个，餐厅19个，其中船费已含的有10个，分别是格蓝迪餐厅、美国爱肯餐厅、丝绸之路餐厅、奇客餐厅、海洋厨房、帆船自助餐厅、皇家大道餐厅、索伦托餐厅、海上多功能运动馆热狗屋、270° 咖啡吧，另外那9个自费餐厅是奥利弗意大利餐厅、仙境坊、牛排烧烤餐厅、泉·日本餐厅、主厨餐厅、日光浴场酒馆、面馆、英式酒吧、拉菲咖啡馆。我估算了一下，就算每天每顿都换一家，六天也吃不过来，就更别说酒吧了。除了各式各样的餐饮，船上还有很多活动和娱乐场所，比如碰碰车、攀岩、跳伞、冲浪、篮球、游泳、健身、影院、互动课程等。到了晚上，剧院还会安排现场演出，个别场次甚至邀请了神秘嘉宾到场。等船驶入公海，挥金如土的赌场也就该开放了，不过切记小赌怡情，大赌伤身！当然，对于那些热衷于“买买买”的人，免税店自然不会少，珠宝首饰、美妆护肤、包袋腕表、纪念商品，一应俱全。此外，海洋宝贝、航海者、探险者、航行者、青少年中心、儿童电子游戏室等，是专为各个年龄层孩子（6个月—17周岁）开放的项目。总之，上到九十九岁，下到刚会走的婴儿，男女老少都能在船上找到适合自己的活动，难怪人们说邮轮是一座海洋上的城市！

晚上七点，赞礼号准时起航了，这也预示着大家的晚餐时间正式开始。第一顿就先吃个免费的吧，我们来到14层的“帆船自助餐厅”，这是皇家加勒比游轮的标志性餐厅，可容纳1000人同时就餐，能享用到各路美食。我扫了一圈，品种还真是包罗万象，从西式的汉堡薯条、墨西哥薄饼，到中式的热炒细点；从丰富的时令水果，到餐后的甜品糕点，无所不有，据说不同时段还会对菜品进行更换，以满足全天不间断的美食供应，充分取悦客人的味蕾。不过这里唯一的缺点就是人太多了，去晚了要在门口等位。

饭后，我们上到15层，因为这层的甲板上有条慢跑道，特别适合一边遛弯儿消食，一边听着海水有节奏地拍击船底而发出的浪声，会让人很放松。走到船尾处，这里设置了三项极限运动（所有项目都是要由专业教练进行指导并提供装备的），分别是海上攀岩、甲板跳伞和甲板冲浪。我走近一看，海上攀岩是在一块高 12 米的攀岩墙上设置了由易至难不同角度的斜面，这样既可供新手尝鲜，又能让高手施展，一举两得。另外那两个看似不可能在船上进行的项目也被现代科技变身为可能，尤其是甲板跳伞，称得上是量子船系的一项创举。它通过垂直的风洞产生气流，让体验者在邮轮上空飞翔的同时能够俯视到底下的海平面，当风拂过发梢的那一刻，一切都是那么刺激美妙。甲板冲浪则是让挑战者在一个造浪模拟器里，或匍匐于冲浪板上，或起身踏浪，去体会大海中乘风破浪的真实快感，不过大多数没有经验的挑战者都是“浪”了一秒就被冲回岸上了。

溜达完一圈，我们坐电梯下到 5 层的 270° 景观厅，今晚那里有招牌演出：光影之旅。这是皇家加勒比为海洋赞礼号特别打造的全新剧目，它区别于传统剧院的演出，是把现场演艺、空中柔术和全球流行音乐融合在了一起，使观众在观看的同时，犹如身临其境，从热情的巴西到原始的非洲，再到神秘的中国，获得一段空前的光影之旅！

23:30，夜幕已深，我们也准备休息了。虽然这是操心的一天，但我还是想和大家分享一下我的初步感受。好的就不多啰唆了，都是有目共睹的，说点犀利的吧：首先，皇家加勒比邮轮官网的操作系统有 bug（瑕疵），因为自今年 3 月起开始实行登船前 72 小时的在线值船，所以我早早地就进行了值船并把船票打印出来了，但到了官网上仍无法登入账号，并在距登船时间不足 72 小时时被告知要联系船方公司进行处理，不过好在今天登船还算顺利。其次，登船前 48 小时的项目预订系统严重延时，登船后无法第一时间同步订单，仍需自行前往柜台确认。而且，即使不预订，到现场也可以以相同的价格订制成功并得到免费的纪念品，这与预付过的游客待遇完全相同，并没能体现出预付的优势。还有就是，船方个别员工缺乏培训，逃生演习时对游客的指挥并不

有难有易的海上攀岩墙，适合各种体验者。（摄于2018年6月）

准确，使游客多走了冤枉路，显得不够职业。其实，登船首日对于游客而言是十分重要的，不愉快的体验可能会影响客人整个旅途的心情。不过，总体说来，优大于过，所以对于接下来的几天，我还是充满期待的。

一觉醒来，神清气爽，疲惫感全无，我兴高采烈地陪着爸妈下楼去吃早餐了。坐过邮轮的朋友都知道，其实途中大部分的行程是在海上观光的，所以才会配备这么多的游乐设施来消磨时间。于是，吃过早饭，我们便在船上继续探索。邮轮的第 14 层是甲板，甲板中央建有一个室外泳池（船上的主泳池），里面大多是父母或爷爷奶奶带着孩子在玩耍，既可以按摩池中泡一泡，放松放松身心，也可以简单地游上几圈，舒活舒活筋骨。如果赶上天气不好，也不必担心，具有伸缩功能的玻璃屋顶，能确保客人全年享受“与水”之欢。泳池旁边是露天电影院，基本上白天播竞技体育，晚上放环球影视，不论你是手举啤酒杯看一场激烈的球赛，还是倚靠池边吹着海风观一场浪漫的爱情电影，都将是无比惬意的享受。从甲板走回舱内，里面的“玩意儿”也不算少，海上碰碰车就是其中之一，只不过队伍比较长，需要耐心等待。“Ready？ Go！（预备，开始！）”在充满活力的场地里，把油门踩到底，随着方向盘的转动、踏板的收放，“撞击”眼前的每一个人，从一次次的碰撞之中获得快乐，重拾童年的乐趣。多功能活动中心在不同时段还会变身成为一个全尺寸的篮球场或具备平整滑道的旱冰场，热爱运动的人士也可以在这里来一场酣畅淋漓的海上竞技。

逛着逛着，就又到了吃饭的时间，由于昨日晚餐的“喧闹”经历，今天的午餐我们没有再去免费餐厅就餐，而是来到位于 14 层船头的“日光浴场酒馆”里吃了中式的小火锅，因为他家的用餐区域是相对独立的，最多只可容纳 120 人，所以很安静，就餐过程很舒服。伴着落地窗外的壮阔海景和蔚蓝天空，我们涮着不限量供应的山珍海味佐以或清淡鲜美或热辣浓郁的汤底，那段时光真的难得可贵。餐厅的服务就更是锦上添花了，即便是再微小的细节他们都能做得十分到位，就这一点来看，已经足以弥补官网系统中 bug 所带来的瑕疵。

俯瞰海洋赞礼号，尽显休闲与舒适。（摄于 2018 年 6 月）

午后的时光是被妈妈满满的购物计划占据的，邮轮的4层和5层简直是女人们的伊甸园，从国际一线品牌的Bulgari、Chanel、Dior、Burberry、Ferragamo、Cartier、Gucci、Omega，到亲民轻奢的Swarovski、Estee Lauder、Coach、Guess、Rayban；从全球奢侈商品，到品牌药妆保健，别挑花了眼就好。

买完东西，已是下午五点，满载而归的我们回屋就看到了一只由浴巾折成的小青蛙静静地蹲在床上，头朝着门的方向，有点歪，超级搞笑。这是船舱服务员的“杰作”，邮轮上特意安排了一些瑜伽、太极、舞蹈，以及这种教大家如何把纸巾或毛巾变成美丽艺术品的互动课程。

吃过晚饭，我们早早地来到剧院，今晚的演出“活、爱、艳”可不容错过。

房间内讨喜的小青蛙。（摄于2018年6月）

这是由皇家加勒比专业歌舞演员和皇家赞礼号大乐队共同为大家倾情呈现的一场拉斯维加斯风格的走秀表演。我们挑了个正对舞台中央的位置坐下，静候这场视听盛宴。演出开始，在唯美的特效下，她们迷人的面庞、惊艳四座的舞技，令我目不暇接，所有感官都被这些才华横溢的艺术家们以及背后赋予惊人想象力的创作团队给征服了，沉醉之余，不禁感叹起艺术的神奇力量！

再次回到房间又是深夜时分了，临睡前，我想分享一个发生在酒吧里的奇葩故事。由于皇家加勒比是美国公司，所以大部分船员不是中国人，即便个别人能讲普通话也不是很标准，那么自然使用英文交流会更加顺畅。但船上的客人可是来自四面八方的，不一定都能讲英语，所以时常会出现无法正常沟通的情况。今晚我就遇到两个姑娘，连比画带猜地在吧台点单，但始终没能表达清

高科技的“机器人酒吧”，围观的人很多，但像我这样真正去品的人却很少。（摄于 2018 年 6 月）

楚。我是语言科班出身，这大概在先前点餐时就给人留下印象了，那么此刻不免会被 bartender（酒保）邀为翻译。但姑娘们见状却连连摆手，似乎对我这个陌生人的帮助充满了警惕与质疑。尽管后来她们仍试图通过翻译软件在努力尝试着，但最终也没能表达出准确意思来。可见，人工智能固然方便，但我们自身所拥有的知识更是不可取代的。

第三天就是下船游览日了，上午十点，邮轮准时靠港。根据日本移民条例，所有宾客在入境日本首个港口时必须立即接受移民局的“面对面”入境检查，而且务必本人前往，地点在 5 层的机器人酒吧，时间是从上午十点半到中午十二点半。如未在规定时间内完成面检的，将无法登陆本次航程中的所有港口，直至回国。同时，日本海关还禁止宾客携带新鲜花草、蔬果、肉蛋奶制品入境或回舱，一经查出即被没收并予以罚款。我领着爸妈，手持着护照复印件、房卡和填写完整的海关申报单（一个家庭填写一张），下到 5 层，排队去留指纹。大约 30 分钟，我们顺利完成了面检，得到一张“日本临时登陆许可证”。

终于上岸了，此时的空中正淅淅沥沥地飘着小雨，可这一点也不影响大

蒙蒙细雨中的八坂神社。（摄于 2018 年 6 月）

家接上地气儿的好心情。“……今天我们要参观的是八坂神社和小仓城，位于福冈县北九州的市区……”我们的地接导游开始发话了，他是正经八百的中国人，娶了个日本老婆。“……八坂神社又称只园社，创立于1617年，是恋爱祈愿的圣地。每年七月的第三个周末，这里都会举办盛大的祇园祭：小仓祇园太鼓祭，它与博多祇园三笠祭、户畑祇园大山笠祭，合称为福冈三大祇园祭。”导游带着我们一边往里走，一边绘声绘色地讲解着。“当夕阳余晖洒在朱漆大门上的时候，景色会非常漂亮……”恰逢阴雨天的我们虽然欣赏不到，但在里面四处转转，像当地人一样洗洗脸、洗洗手，闭上眼再许个小愿望，也别有一番情趣。八阪神社内还有专门求签写绘马和请御守的地方，图案非常多样，十分受欢迎。

八坂神社的南侧是小仓城，最初是在庆长七年（1602年），因关卡原之战建功而入城的细川忠兴所建造，不过后经多次烧毁，所以今天我们看到的建筑是在昭和三十四年（1959年）重建的新城，目前是福冈县内仅存的城堡，日本唯一的珍贵建筑物。“……小仓城总高度47.5米，其中天守阁高28.7米，

日本唯一的珍贵建筑物——“唐建式”小仓城。（摄于2018年6月）

石墙高18.8米，整体采用了独特的建造方式，四层和五层之间没有屋檐，且五层比四层更大，这在当时被称为‘唐建式’。底下石墙的石头也不是切平的，而是用原始形态下的石头砌成，透露着朴素而豪爽的情调……”一路跟着导游走进城内，庭园的布局清楚地展示出了日本的传统礼仪，上下五层的分区介绍也让我彻底了解了小仓城从古至今的来龙去脉。

岸上的观光时间很短暂，短到连让我们吃口东西的工夫都没有，走马观花式地参观完两个景点，就马不停蹄地返回船舱了。来一趟日本，不正经地吃一顿日餐怎么能行呢？于是，上船后我就带着爸妈去了5层的“泉·日本餐厅”。当各式各样的寿司、刺身、开胃菜、主食、甜品等摆在面前时，新鲜的味道扑鼻而来，都不知该从哪下口了。我们一边吃一边观看着厨师精湛的制作技艺，主厨 Travis 十四岁起就开始学制寿司了，师从多位日本烹饪专家，技能早已

“泉·日本餐厅”的刺身拼盘，评价很高。（摄于2018年6月）

被磨炼得炉火纯青。你还别说，这吃惯了西式的浓郁口感，偶尔换一换清新的日式风格还真是明智的选择。

酒足饭饱，仨人开始四处闲逛，平生只进过三次赌场的我此刻突然萌生了“挥霍”一把的念头，遂下到 3 层的皇家娱乐场，打算碰碰运气。我们在里面转了转，发现只会玩老虎机，其实也不叫“会”，只是这个最容易上手。话不多说，操练起来，中间的过程就不描述了，结果就是我们用 1 美元的赌资赚来了 200 美金的收获！ My parents are really my lucky chances（我的父母真是我的幸运之神），赢钱走人，知足常乐……

今晚，我们没有再安排什么夜间活动，因为明天的下船时间很早，抓紧时间补觉才是上策。

早上八点，邮轮抵港了，比昨天足足提前了两个小时。我们按照流程依次

这就是给我们带来了 200 美金收益的“皇家赌场”。（摄于 2018 年 6 月）

下船，坐上大巴，开始了今天的岸上游览。第一站是福冈城遗址，位于大濠公园东侧，是因关原之战有功被封为筑前五十二万石诸侯的黑田长政所修建的，工程开始于庆长五年（西元 1600 年），历时七年完工。整座城属于规模庞大的平山城，设有瞭望台，如今以“舞鹤公园”之名对外开放，园内种植了大量樱花树，每到初春，樱花烂漫，是很好的赏樱圣地。

离开舞鹤公园，我们的第二站叫福冈生活馆，说白了就是船下的 shopping（购物）站。它在机场旁边，紧邻国道 3 号线，得天独厚的地理位置为齐全的商品种类和优良的购物环境提供了基础保障。导购员也是中、英、韩多语种交流，沟通完全没有障碍，可以满足各国消费者的购物需求。船上买不着的岸上买，我们父子俩跟在我妈身后就像俩跟班的，什么家用电器、日用品、保健品，

昔日的福冈城，今日的舞鹤公园。（摄于 2018 年 6 月）

大包小包的一通捡，就差把生活馆给打包了。

今天回船的时间要早一些，中午12点我们就已经开饭了，地点是4层的“英式酒吧”。提到酒吧，你脑海中肯定会浮现出三五好友，在或静或闹的氛围中，畅饮着全球甄选的啤酒、葡萄酒、鸡尾酒等各式酒精饮品的画面，但你能想象出在酒吧吃到川味烤鱼、广式点心和台式卤肉饭的场景吗？如此令人垂涎欲滴的中国美食，再喝上杯精酿，美酒配佳肴，爽哉！

填饱肚子后，我开始细细地琢磨起来，这两天好像是一直以我妈为核心游玩了，可旁边的这个老男人不能总被冷落着呀，于是就领我爸来到4层的皇家台球厅，切磋了整整一个下午。

晚上，皇家剧场的舞台剧《美丽梦境》讲述的是一个男主人公已故的灵魂

皇家剧场《美丽梦境》的演出现场，距离有点远，拍得有点虚。（摄于2018年6月）

工程学上的奇迹——北极星。（摄于 2018 年 6 月）

伴侣突然出现在奇特梦境中的故事。在梦幻的世界里，伴侣重燃主人公对生活的热情，给予他对抗内心恐惧的勇气，并最终使他找回失去的爱情。看完之后我就一直在想，是不是每个人的潜意识中都隐藏着一些不为人知的愿望，而现实中的我们又察觉不到，它们只会在梦里出现？想着想着，带着这样的疑问，我就进入了梦乡……

从第五天起邮轮就该返航了，所以今天也是我们能在船上享受的最后一天。吃过早饭，来到 15 层的甲板，我之前预约过一个项目叫“北极星”，今天是体验日。它的设计是受了英国伦敦眼的启发，堪称工程学上的奇迹。站进可容纳十人的宝石形玻璃舱里，360° 旋转的吊杆手臂会将我们送到离海平面 300 英尺（约 88.6 米）高的空中，我们就如同海鸥般俯瞰着一望无际的大海，内

美酒搭佳肴，海鲜配海洋。（摄于 2018 年 6 月）

心瞬间变得开阔许多。据说晚上乘坐的话还能欣赏到赞礼号上璀璨夺目的霓虹，那景色一定会美得令人窒息。

体验完“北极星”，我们又去了设备先进的维特丽缇健身中心和文艺气息浓厚的艺廊，以及书籍储备多样的图书馆，其间还经过了阳光府邸，这是一个以希腊主题为装饰风格的日光浴场，专为金银卡套房客人准备的区域，可在旋涡池中泡澡，也可在躺椅上放松身心。

午饭后，皇家剧场的压轴大戏《欢乐海洋，笑的盛宴》开始了，就是之前我说会有特邀嘉宾驻场的那个演出，有时是歌唱家，有时是舞蹈家，有时是杂技、魔术表演者，总之都是在其领域有所建树的杰出艺人。今天请到的嘉宾其

后厨现做的意大利面，虽在品相上无大差，但口味好到爆！（摄于 2018 年 6 月）

“奥利弗意大利餐厅”的大汉堡，吃一个就饱了。（摄于 2018 年 6 月）

实从演出的名字就能猜出个大概，没错，就是众所周知的德云社，遗憾的是我没有抢到票，只能等着回北京去天桥看了。

没戏看的我也不能闲着呀，抓紧时间把船上的账清了吧。将爸妈安顿在健康讲座的课堂后，我就回房间打开电视对账单去了（自频道是专门清账的）。还别说，真发现有笔账入错了，连忙跑到 4 层的宾客服务中心与工作人员进行了沟通，好在是及时解决了。

我们在船上吃到的最后一顿正餐是家意式风味的馆子——奥利弗意大利餐厅，在 5 层的船尾处。他家的食谱是由英国最耀眼的国民主厨杰米 · 奥利弗亲自定制的，属于独创的新意大利菜，旨在突破传统理念，用当季的时令食材烹饪出最质朴的菜肴，并手工制作完成。话说这真是我第一次品尝到后厨现做的意大利面和南瓜意饺，口味好上天！还有那绚丽的烧烤拼盘以及难以抗拒的餐后甜点，让常年吃东方菜肴的爸妈都赞不绝口。总之，自费的餐厅品质会更好一些，建议大家平衡开支，这年头没有花钱的不是！

Last night，last show time（最后一夜，最后一场表演）……可能是船方故意安排的怀旧场吧，一晚上全是 20 世纪七八十年代的狂歌热舞，时不时地还来个现场互动集体趴。这要是以前，只要酒精到位我就敢上去扭，“丢人现眼”还用学吗？可是现在岁数大了，无论喝多少酒也没勇气再上台了。

醉意微醺的我回到房间躺在床上，不得不承认，邮轮之旅已接近尾声，这趟旅行很充实很开心，我与二老吃了、喝了、赌了、耍了，一样没落。当然，由于我是首次乘坐，期待值有些许偏高，所以减分项还是存在的，比如自费餐饮和娱乐项目的预订上，额外消费的挂账系统上，都出现了 Bug！但总体而言，邮轮的旅行方式还是值得推荐的，全程以舒适休闲为主，特别适合老人和小朋友。而且，随着时代发展，邮轮港口城市会逐渐增多，基础设施会进一步完善，船上的娱乐活动也会越来越丰富多彩，这种能涵盖“吃、住、行、游、购、娱”的新兴旅游方式将会更加普及。

清晨，我拿着望远镜走到阳台，海风很大，望着铺满日光的海平面，我沉默不语。

妈妈问：“你在看什么？”

我回答：“未来……”

“唔～唔～唔……”6:30，邮轮安全抵港，“奢华之旅”至此结束。

细细算来，我这半年的时光，从国内到国外，从印度洋到太平洋，已面朝过 N 次大海了，但依然在静待花开。

最后，我想用妈妈所写的一篇日志来作为本篇游记的结尾，如果岁月可长流，我愿陪他们一直走。

“这次邮轮之行是儿子为我们一家三口定制的舒适省心的旅行！为了这次旅途顺利愉快，他和我们商量好时间后，就提前做了攻略，订好了船票以及船上的自费，项目以吃喝为主，有奥利弗意大利餐厅、海上小火锅，还有一些饮品欢享卡！说实在的，他开始和我讨论时我本意是不想去的，觉得哪里都没有家好，可这是儿子的孝心，我不能扫了他的兴致。而且，这次旅行也让我办了许久的护照有了用武之地。

2018年6月25日早上4点30分起床，我洗漱完毕吃了早餐，浇完花后又检查了一下门窗，准备开启人生中的第一次邮轮之旅。我们三个人从五棵松坐大巴去天津港口。12点45分到达天津港，开始办理托运，13点20分我们登船并拿到了房卡。为安全起见，我们首先要参加船上的逃生演习培训，由13层步行到4层的皇家大剧院观看消防安全片。因为我们是第一次坐邮轮，感觉所有客人聚在一起时有点乱。演习结束后，我随便吃了口东西就和儿子去开通船上的上网业务，并确定自费餐饮的消费时间，完事儿回房休息等行李。我感觉船好大呀，这上面真是应有尽有，看着大海，听着海浪，心情无比舒畅！

这几天在船上，我们去剧院观看了精彩的文艺演出，去酒吧品尝了多样的美酒佳肴，特别是'机器人酒吧'，相当有意思，儿子点了杯鸡尾酒，机械手臂就开始调配，不一会儿，一杯鸡尾酒就送到儿子面前了，超赞！

中途，我们下过两次船，去了小仓城、八坂神社、舞鹤公园，还去了免税

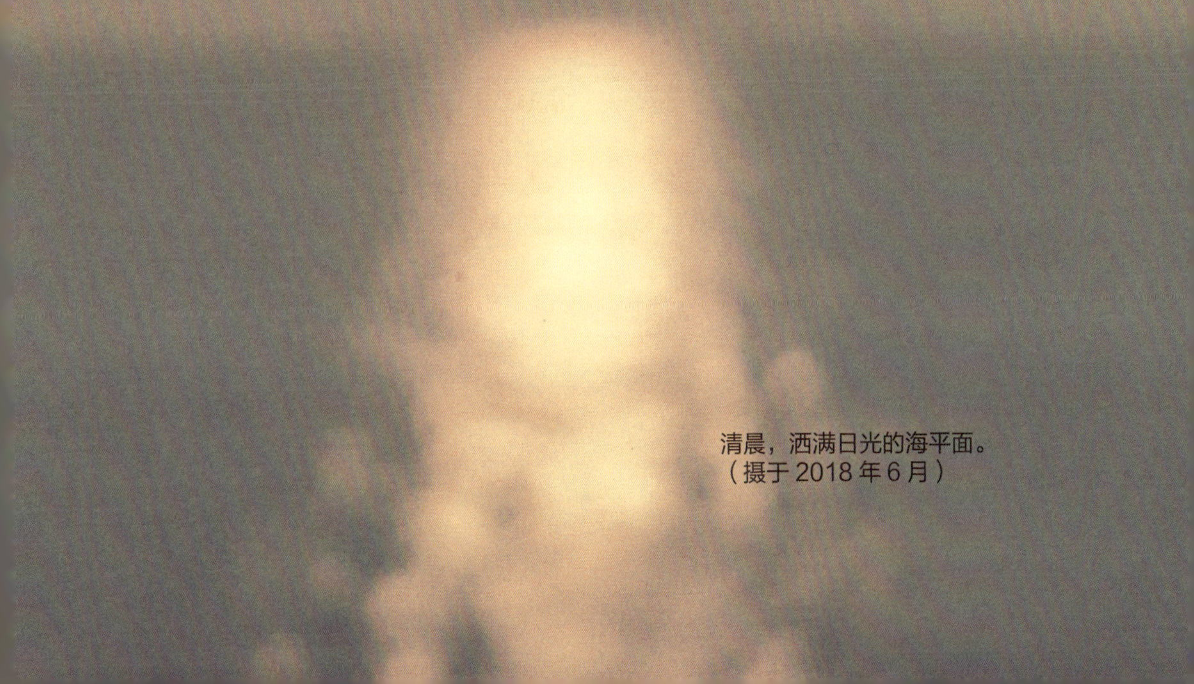

清晨，洒满日光的海平面。
（摄于2018年6月）

店，买了鱼油、面膜、书包，我好开心呀！

在船上吃到最美味的是儿子请我们吃的日式料理，尤其是餐厅主厨亲手做的寿司，太好吃了！还有海上小火锅，也别有一番风味，仿佛品尝到了家的味道，棒棒哒！

最后一天，我们体验了‘北极星’，还在‘皇家大道’上买了化妆品，免税之后很便宜，可以说这是非常完美的结束！

人生如同行路，一路的艰辛，一路的风景，只要有家人的陪伴，就不会感到疲惫！感谢儿子，你是爸爸妈妈的骄傲，是我们心中最孝顺的儿子！”

微信扫码

足不出户带你“吃遍”人间美味

配套音频 高清美图

作者感悟 杂感随笔

阴差阳错的俄罗斯联邦

2015.08.12—2015.08.19

放眼全球两百多个国家，俄罗斯本不在我的 list(计划)内的，至少近几年还没有。在我看来，那里只适合两类人，一类是艺术家们，因为在莫斯科和圣彼得堡的街头，从16世纪末出现的塔式建筑克里姆林宫，到18世纪上半叶流行的巴洛克式的彼得堡冬宫，再到后期古典主义的彼得堡艺术学院，可谓应有尽有。第二类就是针对上了年纪的中国人，20世纪30年代至50年代出生的为主吧。那个年代(出生)的人们内心深处都有着根深蒂固的苏联情结，他们的学校礼堂悬挂过马克思、恩格斯、列宁、斯大林的画像，他们的影院里放映过《钢铁是怎样炼成的》《这里的黎明静悄悄》，他们住过苏联楼，唱过喀秋莎，跳过踢踏舞，还如饥似渴地读过托尔斯泰、普希金、果戈里、奥斯特洛夫斯基的名著，可以说那时的苏联就是他们心目中的圣地、精神的寄托。而让我到此一游的初衷也恰恰和这第二类人有些关联，是为了我的爷爷。他生于 20 世纪 30 年代，曾就职于某央企。年轻时，他就公差到过非洲的几内亚做援建，其间还经停过法国巴黎，在那个年代算得上是经历丰富了！退休后，他一直说想要去昔日的“老大哥”俄罗斯看看，却因种种原因，直到 2014 年去世，都未能实现愿望。于是，作为孙子的我，为代他完成心愿，才背起行囊，来到了这个传说中的地方。

俄罗斯是俄罗斯联邦的简称，位于欧亚大陆北部，地跨欧、亚两大洲，由 22 个自治共和国、46 个州、9 个边疆区、4 个自治区、1 个自治州、3 个联邦直辖市组成，是联邦共和立宪制国家，也是目前世界上领土面积最大的国家。当地主体民族是俄罗斯人，祖先为东斯拉夫人罗斯部族。自苏联解体后，作为最大的加盟国，俄罗斯继承了苏联大部分的军事力量，从而拥有了世界上最大的核武器库，并在高等教育、航空航天技术等领域位居世界前列。

我的首站是位于西北部的圣彼得堡，素有“北方首都”之称。它是俄罗斯的中央直辖市，列宁格勒州的首府，也是全俄主要的水陆交通枢纽，在经济中占有重要地位，许多外国领事馆、跨国公司、银行和其他业务据点均设立于此。由于不会讲俄语，为更好地游览，我是跟团过来的。从北京乘俄罗斯航空飞到这里，算上在首都莫斯科的转机时间，差不多花了 11 个小时。曾有耳闻说俄航的飞行员个个都是退伍军人，在部队服役时是开战斗机的，今天我算是领教了，战斗民族可不是随便叫的，因为无论起飞时间延误多久，他们都能准时到达。

走出机场，这边刚刚下过小雨，空气非常清新，我拉着行李，跟随团队坐上大巴，朝酒店的方向驶去。路上，导游给我们简单地介绍了一些圣彼得堡的历史及其名称的来历。它始建于 1703 年，市名源自耶稣的弟子圣徒彼得。1712 年，彼得一世迁都到彼得堡，自此以后的两百多年，这里都是俄罗斯文化、政治、经济的中心。直到 1924 年，为纪念列宁曾更名为列宁格勒，但在 1991 年

这就是酒店旁那家被我“误打误撞”的俄式餐厅，不过还真算得上是此行中吃得最顺口的一顿。（摄于 2015 年 8 月）

又恢复了其原名。今天的圣彼得堡和历史中心古迹群落，已被联合国教科文组织列为了世界遗产。

到酒店办理完入住，已是晚餐时间。我摸索着来到旁边一个不知名的小餐吧里，想尝尝当地的特色，谁知点单却成了问题。菜单上满满的都是鬼画符似的文字，餐厅老板又不会讲英语，这叫一个尴尬！最后，我俩只能是他一句俄语，我一句英语地胡乱比画，瞎点一通，还别说，这招挺管用的，至少是吃上了，而且量超大，没想到世界上最高效的语言竟然是 body language（肢体语言）！

俄罗斯和中国有两小时的时差，不过影响不是太大，我很快就适应了，第二天依旧是按照当地时间早上 7 点起的床。吃过早饭，在集合前我到户外走了走，得亏是这么做了，要不然得给我冻傻喽！由于俄罗斯的纬度很高，所以即便是在八月的盛夏，9 点前的气温通常也只有 0℃，这要是一身短打扮出发，可真是够呛！我迅速回房间换了身装备，赶在出发前和大部队会合，开始了游览。

其实在圣彼得堡的这三天里，我们的行程安排得很满，去了很多地方，走

涅瓦河旁的海神柱灯塔是俄罗斯战胜大海的象征。（摄于 2015 年 8 月）

了很多路，但实话讲，我现在能想起来的东西并不多，不是俄语不会念，就是中文太长没记住，只能拣重点的说说了。

第一个是早期的建筑，由瑞士人多梅尼克·特列吉尼设计的彼得大帝夏宫，也叫“俄罗斯夏宫”，在芬兰湾南岸的一片森林中，是历代俄国沙皇的郊外离宫。它兴建于18世纪初期，外表看似简约，内部配置却毫不简单，不仅当时的庆典活动要在此举办，就连彼得大帝生前休闲度夏的时光也要消磨于此，并美其名曰“夏日的宫殿”，“夏宫”的名字就是这么来的。到了1934年，夏宫被辟为民俗史博物馆，但在“二战中”却不幸遭到了德军的破坏，当他们占领 Astoria Hotel 的计划失败后，希特勒便想在此举行庆祝会，这番举动激怒了苏联当局，为阻止德国人的庆祝活动，斯大林不得不下令炸毁宫殿。战争结束后，经过修复，如今这里已成为一组富丽堂皇的花园式建筑群落，还被列为了世界遗产，享有“俄罗斯凡尔赛宫”的美誉。来这参观，主要就是那座双层楼的宫殿，当年彼得大帝住一楼，妻子叶卡捷琳娜一世睡二楼，室内的装饰极为华丽。当然，如果对这些不太感兴趣的话，譬如我，也可以在户外吹吹波罗的海的风，喂喂身旁游走的鸭子，不失为另一种奇妙

彼得大帝的夏宫，处处显露着雍容华贵。（摄于2015年8月）

这就是彼得大帝和叶卡捷琳娜一世悠闲度夏的宫殿。（摄于 2015 年 8 月）

的体验！

第二个要说的就是与之对应的冬宫了，它坐落在圣彼得堡宫殿的广场上，初建于 1754 年，耗时八年完工，是 18 世纪中叶巴洛克式建筑的代表，俄罗斯帝国沙皇的皇宫。然而到了 1837 年，一场突如其来的大火却将其毁于一旦，不过幸运的是，冬宫于 1839 年在原址按原样又重新修建了。十月革命后，重建后的冬宫被辟为圣彼得堡国立艾尔米塔奇博物馆的一部分，并与伦敦的大英博物馆、巴黎的卢浮宫、纽约的大都会艺术博物馆，合称为世界四大博物馆。之后，随着“二战”到来，冬宫再一次遭到破坏，所以今天我们所看到的宫殿，是经过多次修复后的成品。远远望去，它是一座蓝白相间的三层建筑，长 230 米，宽 140 米，高 22 米，呈封闭式长方形。走进宫内，里面有大小厅室 1000 余间，各式门窗近 4000 扇，文物总计 270 万件，分 7 个部分，陈列在 350 间不同的展厅里，光参观路线就有 30 公里之长，是世界上最长的艺廊，足以走到腿软。

“……其中 1830 年至 1839 年建成的亚历山大柱，是为纪念 1812 年亚历山大一

冬宫——今天的国家博物馆，昔日的俄罗斯帝国沙皇的皇宫。（摄于 2015 年 8 月）

世率俄军战胜拿破仑军队这一伟绩的……”我们跟着导游边走边听，边听边看，边看边惊叹……

沙皇的两大宫殿说完了，接下来该是这里的保护措施彼得堡要塞了。它位于市中心涅瓦河的右岸，与圣彼得堡同龄，是当地著名的古建筑，不夸张地说，如果没有它，就不会有圣彼得堡的诞生和发展。在要塞建设初期，作为俄国同瑞典北方战争的前哨阵地，彼得大帝还亲自过来监督了建造工作，当时大量的瑞典俘虏和农奴都被征用过来，夜以继日地干活，用了半年时间，完成了木造要塞的工程。后经几度扩建，终于建成了眼下这座六菱形的古堡，奠定了圣彼得堡的基础。古堡墙高 12 米，最厚处能达 4 米，靠河一面长 700 米，可谓固若金汤。1717 年，要塞失去了军事意义，成为收监政治犯的国家监狱，像拉吉舍夫、车尔尼雪夫斯基、高尔基等名人，都有被关押在此的记录，就连列宁年仅 21 岁的哥哥也是在这里惨遭杀害的，可以说彼得堡要塞是一个背负着俄罗斯沉重历史阴影的要塞。1906 年，为进一步加固建筑，对旁边的

圣彼得堡为数不多的传统式东正教堂——滴血大教堂。（摄于 2015 年 8 月）

石墙又进行了修筑。今天，这里已不再是防御工程了，而是一座可供八方来客参观的综合性博物馆，里面包含了彼得堡罗大教堂、钟楼、圣彼得门、彼得大帝的船屋、造币厂、兵工厂、克龙维尔克炮楼、十二月革命党人纪念碑等建筑物。

除去这些，我还能回忆起来的就是基督复活教堂，这个名字或许听起来有些陌生，换个通俗点的，滴血大教堂。它是当地为数不多的传统式东正教堂，别看名字如此血腥，建筑物在设计和色彩搭配上却很讨喜，好似五彩缤纷的冰激凌球，十分引人注目。教堂建于 1883 年，是沙皇亚历山大三世为纪念其父亲而修的，以慰父灵。这个故事要从两年前亚历山大二世被刺讲起。公元 1881 年 3 月 1 日，亚历山大二世外出去签署法令，当他乘坐的马车经过格里博耶多夫运河河堤时，遭遇了“民意党”极端分子的暗杀。刺客投掷的第一枚炸弹炸

耸立在“十二党人广场”上的彼得大帝青铜骑马塑像。（摄于 2015 年 8 月）

伤了他的卫兵和车夫，亚历山大二世不顾劝阻，执意要下车查看卫兵的伤势，结果被刺客投掷的第二枚炸弹炸断了双腿，回到冬宫后没几个小时，就因医治无效而不幸身亡了。

聊了这么多历史和建筑，最后聊点轻松的吧。来这里旅行，船游涅瓦河可是不容错过的项目。从空中俯瞰，圣彼得堡是由几十个岛屿和大桥组成的，而贯穿城区的主要河道就是涅瓦河，得天独厚的地理环境使这个城市有着和威尼斯类似的特点，就是市区最好的景点都分布在河道两岸了，比如标志性雕塑彼得大帝的青铜骑士像。坐在船上，无论是白天还是夜晚，都能以最好的角度欣赏沿岸的风光，品味千姿百态的桥梁。同时，在观景之余，俄罗斯大妈们还会现场组成乐队进行歌曲演奏，大都是《喀秋莎》《莫斯科郊外的晚上》这类中国人耳熟能详的苏联老歌，“……长夜快过去天色蒙蒙亮，衷心祝福你好姑娘；

叶卡捷琳娜二世修建的叶卡捷琳娜宫，其富丽堂皇的程度绝不亚于冬宫。（摄于 2015 年 8 月）

但愿从今后，你我永不忘，莫斯科郊外的晚上……”，熟悉的旋律给大家带来无比亲切的感受。俄罗斯的国酒伏特加，在斯拉夫语中的意思是少量的水。相传15世纪末，Vodka(伏特加)因为酒精含量过高，原本是用来消毒的液体，直到叶卡捷琳娜一世时，才逐渐向酒精饮料过渡，以谷物或马铃薯为原料，经过蒸馏制成高达 95° 的酒精，再用蒸馏水淡化至 40° 到 60° ，并经活性炭过滤，使酒质看着更加晶莹澄澈，喝起来不甜、不苦、不涩，唯有烈焰般的刺激。这点我是深有体会的，尤其是香槟兑伏特加，那叫一个给劲儿，喝

宫殿内尽显贵族般的奢华，比如墙上的青花瓷壁炉！（摄于 2015 年 8 月）

如此美丽的普希金村，怎能不成为叶卡捷琳娜的幽会圣地呢？（摄于 2015 年 8 月）

完以后身体似乎都不是自己的了，直想跟着大妈们一起上台，有点飘飘欲仙的感觉。

时间过得很快，我在圣彼得堡的三天就这样结束了，接下来便搭乘俄罗斯航空飞回了莫斯科，继续那里的旅程。

莫斯科是俄罗斯联邦的首都，莫斯科州首府，也是俄罗斯政治、经济、文化、金融、科技、教育、交通的中心以及最大的综合性国际城市。1147 年，城市沿莫斯科河而建，它地处俄罗斯欧洲部分中部、东欧平原中部，跨莫斯科河及支流亚乌扎河两岸，是欧亚大陆上重要的交通枢纽。从莫斯科大公时代开始，它就一直是国家的首都，到现在已有 800 余年的历史了，拥有众多的名胜遗迹，是世界上著名的古城。同时，优美的城市

莫斯科四通八达的地铁线路图。（摄于 2015 年 8 月）

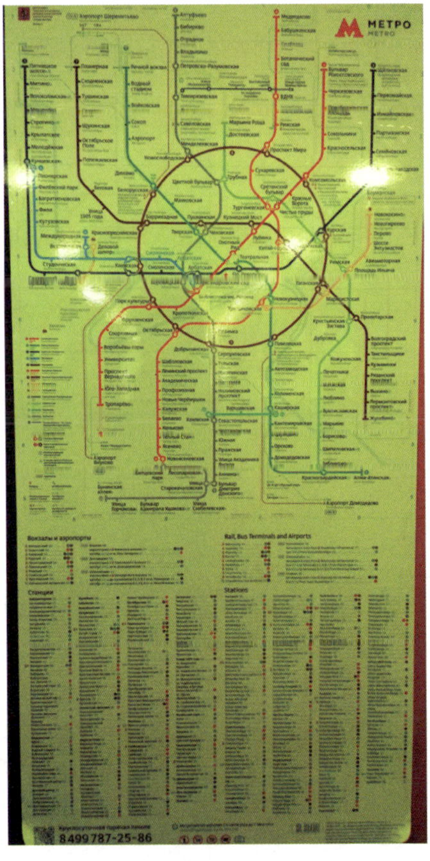

规划，也使其掩映在一片绿海之中，故又有“森林中的首都”的称号。

抵达莫斯科后，我们的第一站先是见识了著名的莫斯科地铁。莫斯科的地铁被公认为是世界上最漂亮的地铁，有着悠久的历史。从线路设计图上来看，它的分布结构是从中心向四周辐射的，全长 277.9 公里，有 12 条线路，共 171 个车站，是全球第五大地铁系统，也是除亚洲以外最繁忙的地铁系统。到了地铁站，导游帮我们每人买好一张地铁票，建议大家下去参观参观，但切记不要乘坐，因为莫斯科的地铁不像国内的城市，不是所有车站都有反方向运营的列车的，一旦坐上去，在语言不通的情况下，恐怕只能干着急了。拿到票，我们顺着楼梯一步一步地向下走，地铁很深，据说当初是为战备而修的，所以除了个别车站建在路面之上，其余大部分都是在离地面 50 米以下深的地方。走到站台，四周的设计华丽而典雅，五颜六色的大理石、花岗

一列风驰电掣般驶入地铁站台的列车，可见其运输的高效性。（摄于 2015 年 8 月）

岩、陶瓷、玻璃镶嵌出各种浮雕、壁画，照明灯具也十分别致，与其说它是一个地铁站，倒不如说是一座艺术的殿堂。过了一分钟，迎面开来一列列车，我看到车厢里除顶灯外，还设计了便于乘客读书看报的局部阅读光源，车厢门口处也安装了报站名用的电子显示屏，非常人性化。参观完毕，我们按原路返回到地面，转站到下一个地方——传说中的红场。

红场南北长 695 米，东西宽 130 米，呈不规则的长方形，占地面积 9.035 万平方米，是仅次于天安门广场的世界第二大广场，也是俄罗斯重大历史事件的见证场所，以及重要节日时举行群众集会、大型庆典和阅兵活动的地方。站在广场中央，我环顾四周，南面是瓦西里升天教堂，北面是一座红砖银顶的历史博物馆，东面是莫斯科国立百货商场，西面是列宁墓和克里姆林宫的红墙及三座高塔。那些前来瞻仰列宁墓的游客数不胜数，快赶上毛爷爷的纪

传说中的世界第二大市中心广场——莫斯科红场。（摄于 2015 年 8 月）

克里姆林宫的围墙墓园，苏联政府将国内和国际几位知名的共产党领袖都安葬于此以供世人缅怀。（摄于 2015 年 8 月）

念堂了。正当我准备离开广场时，突然邂逅了 4 个来自韩国的姑娘，那时天空中正飘着毛毛雨，气温应该是 10℃左右，我自认为已经算是耐寒体质了，可她们每人却只穿了一套适合夏季的连衣裙，实在是令人折服，大写的美丽“冻”人！说实话，能在欧洲国家遇到亚洲面孔还是蛮亲切的，于是我们抓紧时间合了个影，我就赶忙跟着导游去了下一站，“世界第八奇景”的克里姆林宫。

在俄语中，“克里姆林”是“内城”的意思，它曾是沙皇的居所之一，现在是俄罗斯的象征，总统府的所在地。八百多年前，一位名叫尤里·多尔戈鲁基的王公在这里建了一个城堡（就是克里姆林宫的雏形），初为市墙，后屡经扩建，直到 19 世纪 40 年代，一组呈三角形的建筑群落才全部落成。其内部建筑主要有大克里姆林宫、多宫、圣母九天教堂、参议院大厦、伊凡大帝钟楼等。外侧保留至今的围墙长 2235 米，厚 6 米，高 14 米，上面参差错落地分布有 18

炮王——这门大炮造于1586年，重40吨，炮口的直径达0.92米，可容下三人同时爬进。炮前陈列有四枚堆在一起的炮弹，每个重为两吨。炮架上也刻有精美的浮雕，比如沙皇费多尔像。（摄于2015年8月）

座塔楼，最壮观的要数带有鸣钟的救世主塔楼了。其实这些对我来说没什么太大感觉，但既然来了，不打个卡也挺遗憾的，总之给我印象最深的就是这里建了两个停机坪，现任总统普京每天都是坐直升机上下班的，为安全起见，据说两架飞机会同时起降，一架是载着总统飞的，一架则是陪着总统飞的，就是这么霸气！

下午，我们参观了“二战”英雄纪念碑、博物馆和莫斯科国立大学。不停歇的绵绵细雨使莫斯科又冷又潮，晚餐后回到酒店已经十点了。

第二天上午我们“拜访”的依旧是各种巴洛克式的教堂，有些审美疲劳。中午的俄式传统大餐也是迄今为止我吃到过的最简单的西餐，土豆沙拉、罗宋汤、主食鸡排配米饭，貌似我都能自信地说自己可以做俄式大餐了！下午的行程还比较有趣，我们驱车1.5小时从莫斯科开到了一座风景如画的城市——谢尔盖耶夫镇（别名扎戈尔斯克），这是俄罗斯民族手工艺的中心。提到手工

莫斯科纪念公园里的“二战”胜利纪念碑，高141.8米，寓意参战各国经过了1417天（近4年）的浴血奋战，才打败德、意、日法西斯，取得“二战”斗争的最终胜利。
（摄于2015年8月）

艺术，不得不说的就是闻名世界的俄罗斯套娃了。它是一种木制玩具，通常是由多个相同图案的圆柱形空心木娃娃按照不同比例相互套起来而组成的，底部平坦，可以直立码放。这门艺术的历史能够追溯到遥远的14世纪，是工匠们世世代代传承下来的雕刻、绘画技巧，继而融合了俄罗斯民族文化的积淀，才使其博得了当今各国小朋友、大朋友的喜爱。参观完工厂，导游又把大家带到旁边的一间屋子，开始亲手制作属于自己的套娃，以上色为主。我注意到每个人的那股认真的劲儿，还真像大师们在创作！当然，如果实在不具备绘画天赋，或是对成品不太满意，也可以购买现成的，下面我就分享几个挑选要点吧：第一是看价格，手工制作的肯定要比机器批量生产的贵，一分钱一分货，多花点钱，会踏实很多；第二是看工艺，纯手工上色的套娃，摸起来会有凹凸感，而机器喷色的则光滑许多；第三是看材质，套娃是木制的，好的木材才能保证套娃经得住时间的考验，不会开裂变形，所以要挑整块木头制作而成的套娃，表面不能有裂纹或拼接的痕迹；第四是看底部，有名气的套娃制作者都会在最外面的套娃底部标注出这套套娃的数量，并签上自己的大名，这是最简单而有效的鉴别方法，但也仅适合酷爱套娃的收藏者们，毕竟是名家所为，价格通常不菲。

结束了一下午的创作，大家带着心仪的“娃娃们”返回到莫斯科的市区，准备去欣赏此行最后的艺术——俄罗斯大马戏。

戏院坐落在市中心的花园大街上，外形似一个小丑的帽子，是著名建筑师

我亲手绘制的俄罗斯小套娃，是不是还挺像那么回事的？（摄于2015年8月）

叶菲姆·彼得罗维奇和雅科夫·鲍里索维奇负责设计建造的。建筑高36米，内部的演出大厅很大，以舞台为中心，呈圆形，可同时容纳3310位观众。

莫斯科马戏团成立于1880年，是世界马戏史上发展最早的，至今已有140年的历史了(2020年)。成立初期，每一位沙皇都有他们专属的皇家马戏表演者，他们世代相传，一直都是世界马戏表演领域的佼佼者。可以说哪里有俄罗斯大马戏，哪里就会有称赞，就连中国伟大领袖毛主席都曾亲自接见过团员，足以证明大马戏的影响力。演出中，莫斯科马戏团最擅长的表演就是驯演大型猛兽，项目虽传统，但难度系数非常大。另外，滑稽小丑、大跳板、高空飞人等都是经典的表演项目。可惜，观看全程都不允许拍照、录像，我很难把内容描绘得淋漓尽致，总之就是俩字——震撼！

飞回北京的那天，我坐在机场的候机楼里，回想着这短短几天在俄罗斯的旅行，内心中五味杂陈。会有不舍，不舍这里举世无双的伏特加，让人陶醉其中；不舍这里婀娜多姿的俏姑娘，让人如沐春风；不舍这里毫无杂质的蓝天白云，让人无法自拔……当然，也会有遗憾，遗憾这里的食物很一般，这里的人民很冷漠，这里的交通很糟糕，这里仍旧是那个我认为最适合建筑学爱好者和有着苏联情结的长者们游玩的国度……但是，这里还有与时俱进的K3、K19中俄国际列车，还有天寒地冻的宁静之地西伯利亚，还有春风沉醉、绿草如茵、清澈而又神秘的贝加尔湖，还有太多太多我没有到访过、尝试过、体验过却又很想经历的一些东西。所以，我最后想以歌手李健的一首《贝加尔湖畔》来作为本篇游记的结尾，或许那将是我再赴俄罗斯的目的地：

在我的怀里　在你的眼里
那里春风沉醉　那里绿草如茵
月光把爱恋　洒满了湖面
两个人的篝火　照亮整个夜晚

多少年以后　如云般游走
那变换的脚步　让我们难牵手
这一生一世　有多少你我
被吞没在月光如水的夜里
多想某一天　往日又重现
我们流连忘返　在贝加尔湖畔
多少年以后　往事随云走
那纷飞的冰雪容不下那温柔
这一生一世　这时间太少
不够证明融化冰雪的深情
就在某一天　你忽然出现
你清澈又神秘　在贝加尔湖畔
你清澈又神秘　像贝加尔湖畔

魂牵梦萦的美利坚

2014.08.16—2014.08.31

这些年走过不少地方了，但这一次前往美国的旅行时间是最长的，中美往返 16 天；飞行距离也是最远的，东西海岸夏威夷；途经城市还是最多的，大大小小 12 个……America，here I come（美利坚，我来了）！

After 2 hours' delayed and another 9 hours' flight, we arrived at Honolulu International Airport eventually at 19:35 local time（在 2 小时的延误后，我们又经过了 9 小时的飞行，终于在当地时间 19:35 降落在了火奴鲁鲁国际机场）。夏威夷州是美国唯一的群岛州，由太平洋中部的 132 个岛屿组成，在亚、美、大洋三洲之间，具有重要的战略地位。该州的首府火奴鲁鲁是太平洋上最大的城市，在夏威夷语中被意为“屏蔽之湾”，因为早期盛产檀香木，所以也被华人称为“檀香山”。其所在地瓦胡岛更是夏威夷群岛中最多彩多姿的岛屿，大小相当于中国的一个县，涵盖了多种文化特质及瑰丽而多样化的景观。

下了飞机，大家拿着各自的护照和入境资料，开始排队办理通关手续，并按要求拍照、留指纹。移民局总共问了我三个问题：第一，来美国的目的是什么；第二，是否携带了违禁品（他们拿着照片在我眼前比画，上面有新鲜水果、肉类、动植物等）；第三，是否携带了超过 10000 美元的现金。我除了第一个答案是“Traveling（旅游）”，其余都是“No（没有）”。这不禁让我联想起大半年前在美国领事馆面签的经历，那天人超多，熬了整整两个小时才排到我，和签证官相互问好后，他的第一个问题也是问“你去美国的目的是什么”，我想都没想地就说“去旅游”，他接着问我会说英语吗，由于申请资料上写着我是英语专业毕业，所以我只能回答“会”。于是，自此我们就再没有过中文的交流。“在哪工作？哪年开始的工作？公司是做什么的？哪个学校毕业的？都去过哪？是不是一个人去美国？准备去哪个城市玩？”他的问题就好似连珠炮似的一个接着一个，最奇葩的是问我未来有没有想过把工作带到美国去，我第一反应肯定是“不想啊”，谁知他听后眉头紧锁，“Why not（为什么不想）？”我即刻懵圈了，情急之下拽了句“because I love my country（我爱我的祖国）！”签证官也愣了，赶忙解释，原来他本意是想问我今后会不会带着朋友、团队去美国玩耍。我随即也用了同样的“Why not（为什么不呢）？！”回复了他。最后，签证官以一句“I have a nice trip in US（旅途愉快）”结束了面签，全部用时三分钟。至于资产方面，车子、房子、存款证明、银行流水等一系列相关材料都没有让我出示。今天亦是如此，排队一小时，问答一分钟。但我也听说偶尔会有旅客因为个别奇怪的问题答不上来而被带到另一间小屋子里，即便真是那样也不必紧张和害怕，首先要礼貌地申请中文服务，然后再次客气地要求签证官联系入境邀请函上所提及的美国接待单位，或请旅行团的领队过来协助，在此期间，只要不随意签署文件就好。

入了关，取完行李后，我走出火奴鲁鲁国际机场，正式开启了为期半个月的美国之旅。We finished our late dinner in a buffet restaurant at 21:00，and then we drove to the hotel which is called Ewa. So far，everything is fine. I do hope the trip will go well with me（在餐馆用完餐时已是晚上 9 点，之后便直接驱车去酒店办理入住了。目前为止，一切还好，我希望这个状态可以延续下去）。

夏威夷州最著名的要数珍珠港了，它是北太平洋岛屿中最大、最好的安全停泊港口，一般的民用船舶和外国舰船，在没得到美国海军部批准的情况下，是不得进入的。港口中央，我还可以看到 1941 年在珍珠港事件中被日军炸沉的“亚利桑那号”战舰的遗骸和一千多名阵亡将士的纪念碑，也正是当年日本政府策划的这起偷袭美国太平洋海军舰队基地的事件，日后成为了第二次世界大战太平洋战争爆发的导火索，像我们熟知的电影《虎，虎，虎》《珍珠港》都是以此次事件为背景拍摄的。

返回途中，我们车览了 Hawaii（夏威夷）的 Chinatown（中国城）、夏威夷州议会大厦和小白宫州长官邸。

夏威夷州威基基的潜水圣地——恐龙湾。（摄于 2014 年 8 月）

Today was really easy and relaxing（今天是格外放松的一天）。午后的时光是要奉献给沙滩的，夏威夷的海虽然没有我意想中的蓝，但漫步在迷人的威基基海滩之上，还是蛮有度假氛围的。放眼望去，遍地都是婀娜多姿的身影，这就是 ALOHA 精神的开始。作为一个含蓄内敛的东方人，我也是做足了心理建设，才敢融入这与我们截然不同的风土人情。

在海边待到日落，开始动身觅食，我和同行的小伙伴转了五个街区，愣是没找到个正经点的西餐厅，最后只能在 Burger King（汉堡王）里解决了晚餐。我真心觉得夏威夷这个地方更适合度假，尤其适合蜜月旅行的夫妻或是热恋中的情侣。但如果是为了吃喝玩乐，可能还得去美国本土，恰好明天一早我们就要飞去那边了，值得期待。

In the early morning, we moved to LA, the second largest city in America by air（第二天一大早，我们飞到了美国的第二大城市——洛杉矶）。洛杉矶又名“天使之城”，是西班牙人为其命名的。1769 年 8 月 2 日（天主教圣母节第二天），西班牙远征队为寻找开设教会的地点，无意之中来到了这

火奴鲁鲁的阳光海滩。（摄于 2014 年 8 月）

里，并在1781年建镇于此，称之为“大使女士圣母玛利亚的城镇”，后简称“天使之城”。

抵达LA（Los Angeles，洛杉矶）当天，我唯一参观了的地方就是举世闻名的Hollywood（好莱坞），它依山傍水，景色宜人，每年奥斯卡的颁奖典礼都会在这里的杜比剧院举办，堪称世界电影的盛会。除了传统影视，好莱坞还是全球音乐电影产业的中心地带，拥有世界顶级的娱乐产业和奢侈品牌，引领并代表着全球时尚的最高水平，比如梦工厂、迪士尼、20世纪福克斯、索尼公司、WB（华纳兄弟）、派拉蒙等电影巨头，以及RCAJIVE Interscope Records这样的顶级唱片公司。走在星光大道上，我看见这里刻着很多名人的印记（手印、脚印为主），据说全球有超过2500位大咖的“标志”都在上面，如国人们熟知的Bruce Lee、Michael Jackson、Jackie Chan……走着走着，突然被几个身着奇装异服却又“似曾相识”的人团团围住，我定睛一看，这不是Spiderman（蜘蛛侠）和Batman（蝙蝠侠）吗，他们是来“求照相”的，一次几美金，一天下来也算是个不错的营生。

到了晚上，洛杉矶会变得很安静，可能和我住的地方有关吧，除了加油站里的便利店还开着，其余大部分的场所8点以后就都打烊了。于是我也早早地回房休息，为第二天的环球影城之行做准备。

环球影城在LA市区的西北部，因为这里具备了理想中拍片的自然环境，所以20世纪初，电影制片商们便纷纷集中在此进行拍摄，逐渐地就形成了影城。到了好莱坞的鼎盛时期，又因大量拍摄于此的影片陆续成为电影史上的佳作，继而使美国电影的影响遍及全球。走进影城，我宛如来到了一个五彩缤纷的世界，里面不但有许多重现电影场景的游乐项目，还有机会让人在色彩鲜明、造型活泼的招牌下和巨星“玛丽莲梦露”合影留念，那种感觉真是太棒了。乘坐着片场的游览车，沿着精心设计的“环球影城之旅”的路线行进，不仅可以了解到电影台前幕后的制作和特殊的摄影技巧，还能领略到影片中各国的知名场景。在游戏设施上，Water World、Jurassic Park、Mummy、Transformers（水世界、侏罗纪公园、木乃伊、变形金刚）都是必玩项目，特别是木乃伊，就像室内的过山车，速度感极强，还没来得及尖叫呢，就又回到起点了。It is amazing! Universal Studios has been the highlight so far in Los Angeles（不可思议，截至目前，环球影城堪称洛杉矶的精华）。

在距LA近200公里以外的美墨边境，是被誉为“美国运动之城”的圣迭戈。After 3 hours' driving, we arrived at San Diego, the birthplace of California(开了3个小时，我们来到了加州的诞生地——圣迭戈）。据说这个地方全年都没什么雨水，但我去时的路上却赶上了倾盆大雨。抵达后，我们首先来到了“中途岛号航空母舰”上进行参观。这是美国第一艘具有装甲飞行甲板的航空母舰，也是第一艘按最大宽度能通过巴拿马运河而设计的战舰，为纪念中途岛海战而

圣地亚哥湾旁边的『胜利之吻』，背后蕴藏了一个怎样的浪漫爱情故事呢？（摄于2014年8月）

命名。它自1945年9月10日开始服役，于1992年4月11日退出舰队序列（正式退役是1997年），2003年改建为博物馆舰，一年后正式对外开放。在这艘庞然巨物上，我不仅参观了舰桥、航空交通管制台、战略指挥中心、机房、官兵宿舍，舰长寝室等设施，还在飞行甲板上和飞机库中看到了25架从“二战”到沙漠风暴时期美国海军军用的各种飞机，其中一部分是允许游客坐入驾驶舱的，那种体验让我深切地感受到了海军的力量。走到顶层，站在户外，我望着东面的太平洋，假如地球是个平面的话，那么给我一个高倍望远镜，应该可以看到中国大陆吧，看到我的家乡北京。

参观完战舰，我们又来到一个美丽而又充满乐趣的古城——Old Town of San Diego（圣迭戈老城），它是西班牙早期的殖民地，也是第一批欧洲人的定居所，we saw lots of Amigos here.（我们在这里看到好多老墨）这里有150多家商店、17个博物馆和历史遗迹，还有步行可达的专业剧场、画廊等。周边稍远一些的景点有科罗娜多岛、圣地亚哥动物园、海洋世界等，不过我们时间紧迫，当晚还要赶回LA，明天一早得奔向拉斯维加斯，所以吃了顿墨西哥餐就返程了。

拉斯维加斯是内华达州最大的城市，也是一座享有极高国际声誉的城市，世界四大赌城之一。既然说到“赌”，当地有这么一句话描述得相当到位，“如果你穷困潦倒到还剩下几个美元，那么请去拉斯维加斯吧，或许就能咸鱼翻个身；如果你钱多得花都不完，那么也请去拉斯维加斯吧，或许就能体会到流浪汉的潇洒。”这就是拉斯维加斯，一面地狱，一面天堂。

从LA市区开过来，单程290英里（将近470公里），我们清晨出发，本就半天的车程，结果却傍晚时分才入住酒店，因为路上经过了巴斯通商业中心，要知道“买买买”可是最“耽误”时间的。其实你有所不知，这座以“赌”闻名的不夜城实际上吸引来更多的不是“赌徒”，而是购物者和吃货们，这就是为什么它能从一个不起眼的破落村庄，只用了十年的时间，就摇身一变，成

夜幕下的 Las Vegas——The City that Never Sleeps。（摄于 2014 年 8 月）

为了沙漠之中的国际城市。不过这座“沙漠城市”倒是以一场瓢泼大雨欢迎了我的到访，当地人都亲切地称我为“God of Rain”（雨神）。

当天晚上，我去了 Bally's Las Vegas，让劳累了几天的双眼来了场视觉上的盛宴——Jubilee Show。这是一个类似于法国红磨坊的成人秀，在变化多端的舞台上，有一百位专业的舞蹈明星，面对着台下的观众，疯狂地扭动着曼妙的身体，其间还会穿插一些大型的杂技和魔术表演。坦率地讲，一个半小时

百乐宫酒店内绚丽多彩的琉璃荷叶屋顶尽显奢华。（摄于 2014 年 8 月）

Mirage 酒店前蓄势待发的“火山”。（摄于 2014 年 8 月）

的 show（表演）其实没什么意思，反倒是几十个 topless girls（舞蹈演员）在“半空中”蹦蹦跳跳的场景，着实让我印象深刻、兴奋不已。看完表演，我坐着巴士继续在新城和老城转悠，直到把 Mirage 酒店前的“火山”爆发，威尼斯人酒店里的人造天幕，以及老城佛里蒙特街的音乐灯光表演全部参观完后，才满足地回去休息。

第二天，艳阳高照，又是个出游的好天气。世界上有些地方一辈子应该去一次，因为亲眼所见的震撼，绝不是方寸大小的相片所能传达的，比如自然界七大奇景之一的科罗拉多大峡谷，它的壮观是经过亿万年的吞吐蕴酿而留下的沧桑。从空中俯瞰，大峡谷的形状极不规则，大致呈东西走向，总长 349 公里（大峡谷国家公园），两岸是红色的巨岩断层，嶙峋的岩层堪称鬼斧神工，蜿蜒曲折，犹如一条桀骜不驯的巨蟒，匍匐于凯巴布高原之上。走进峡谷内部，这里的土壤大都呈褐色，但当它沐浴在阳光下时，就会随着光线的强弱而显得变幻无穷。可惜，以上说的这些都是同行的小伙伴游览完转述的，我并没能亲身体会，而是去拜访了一对白人老夫妇，他们是几年前来中国旅游时，在北京和我相识的，这次听说我来了美国，必然是要约着叙叙旧的。见了面，二老先是带我去了 350 米高的云霄塔，那是美国密西西比河西岸最高的建筑物。

站在塔顶，我向下俯视，拉斯维加斯的市容市貌一览无余。中午，我们在一家名叫“Burger Bar”的西餐厅用了午餐，我吃了 Buffalo Burger（布法罗牛肉汉堡），那浓郁的味道可以秒杀一切汉堡。饭后，他们还带我去了赌场小试了一把牛刀（这是我第二次进赌场，第一次是在越南），幸运的是我没有输钱！Anyway, happy time is always short（快乐的时光总是短暂的）， 不知我们再次相聚会是何年何月，只愿余生彼此安好！

晚饭前，我回归到“组织”，和小伙伴一起去 Outback Steakhouse 吃了最出名的安格斯牛眼扒。这是到美国一周以来我首次尝到正宗的牛排，还不错，没让我失望。不过，在打车回酒店的途中却遇到些不快，司机是个亚裔黑人，他嫌我们酒店的位置不够繁华，一边绕路，一边嘴里骂骂咧咧的。被我们发现以后，他竟然还将车门反锁，并关掉了计价器，堂而皇之地开始漫天要价。算了，强龙不压地头蛇，人生地不熟的，破财免灾吧。不然，依我的脾气，非得跟他好好掰扯掰扯！

美国西部我去的最后一个城市是犹他州的首府盐湖城，从 Las Vegas（拉斯维加斯）飞过去一个多小时的航程，可这一趟飞行，却令我终生难忘！为什么这么说呢？几百吨重的铁家伙在空中横七竖八地颠簸了近十几分钟，前前后后失重了 0 次。起初只是上下震颤，然后开始左右摇晃，每晃动一下，都会引来乘客们的惊声尖叫。为保持身体的平衡和自身的安全，所有空姐都或跪或趴在地上，并大声重复着“Everyone Seat Belt Time right now……”（请系好安全带），这真的不是气流！十分钟过后，飞机渐渐恢复平稳，航行也慢慢回到正轨，但大家那颗惊魂未定的心直到降落许久都无法平静下来。不过要说美国空乘的冷幽默实在是够奇葩的，笑着问候大家：“Everyone is ok？ Now you all know why we need SEAT BELT in the airplane.”（大家都还好吗？现在你们知道为什么飞机上要装安全带了吧）

盐湖城是一座建立在沙漠和盐水之中的现代化工业城市，因紧靠大盐湖而

盐湖城的圣殿，因其位于摩门教的总部，所以每年都会有许多来自世界各地的虔诚教徒。（摄于 2014 年 8 月）

得名。待惶恐的情绪稍事稳定些后，我们参观了当地著名的大寺院广场、大礼拜堂和盐湖城圣殿，但出于对宗教（摩门教）的尊重，我没有进去，只是在外面简单地拍了拍照。随后，我们又驱车 6 个小时前往了 500 公里以外的黄石公园，今晚要入住那边的宾馆，明天将开始国家公园的探索之旅。

黄石国家公园成立于 1872 年，占地面积 8956 平方千米，是全球设立的第

黄石公园的美景之一就是五颜六色的湖泊。（摄于 2014 年 8 月）

一个国家公园，因其古老火山口所形成的特殊地貌景观而闻名于世。公园分为五大景区，分别是：以石灰石台阶为主的西北猛犸象温泉区；保留着老西部景观的东北罗斯福区；可观赏到黄石大峡谷和瀑布的中央峡谷区；被湖光山色充斥装点着的东南黄石湖区；四处遍布了间歇泉、温泉、蒸气池、热水潭、泥地和喷气孔的西南喷泉区。除了这些景区，公园内还生活着多种野生动物，天上飞的、地下跑的、水里游的、草里蹦的，数不胜数，被美国人自豪地称为“地球上最独一无二的神奇乐园”。

我们是由公园的西口进入的，园内交通十分方便，长达 500 多公里的环山公路能将各个景区的主要景点连接在一起，其中最负盛名的要数老忠实喷泉了，它每隔 65 分钟就喷发一次，每次时长约 4 分钟，经典之处在前 20 秒，像是一场揭幕式的表演，令人啧啧称赞。更神奇的是这种周期性的喷发从未间断过，无论何时它都会在那里忠实地等候着游客们的到访，这就是大自然的伟大力量，令我赞叹不已。类似这样的间歇泉喷发口在黄石公园里大大小

被湖光山色充斥装点着的东南黄石湖区。（摄于 2014 年 8 月）

小有 300 多个，它们所产生的热气、烟雾、温泉，也让黄石有了仙境传说的美名。行驶过程中，我们还邂逅了一头布法罗（水牛），并礼貌地给它让了路，但它或许想象不到，就在几天以前，自己的兄弟已经变成我的盘中餐了。有人说黄石的景色很像我国四川的九寨沟，有山有水，有花有草，有稀奇濒危的动植物，有气势磅礴的小瀑布，这么看来还真的有那么点像，只不过黄石公园更大而已。

在游客中心吃了顿便餐后，我们下午就来到了位于怀俄明州西北部冰川山区的大提顿国家公园。公园于 1929 年建立，占地面积 1256 平方千米，以延绵不绝的雪山闻名于世，最高峰是海拔 4198 米的大提顿峰，至今仍有冰川留存。我们把车子停在路边，眺望着高耸入云的山巅，上面覆盖着千年的冰河，一山连一山，一峰接一峰，宛若人间仙境。再瞧山下，广阔的草原、纯净的湖水以及丰富的野生动物，它们的和平共处构成了一幅美丽的生态画卷。

盐湖城的确是个不错的地方，整个州差不多有河北省那么大，人口却不足百万，不折不扣的地广人稀。景色上有点像中国的西北、西南两大地区的结合，既有江南水乡的气候，又有一望无际的蓝天白云，非常适宜人类居住。

至此，美国本土的西部我就蜻蜓点水式地走完了，现在坐在盐湖城的机场

一头横穿公路的 Buffalo（水牛），引来众多的围观。（摄于 2014 年 8 月）

车窗外，怀俄明州的路旁。（摄于 2014 年 8 月）

候机室里，准备飞往首都华盛顿。然而，貌似自前两天的航班惊魂开始，我们的飞行运气就如同K线般逐级下降，今天又被告知要延误两个小时。这还不算什么，更糟的是我们的航班不是直飞东岸的，中途要在丹佛转机，但等我们到达中转机场时，原本的飞机已经降落在首都了。既来之，则安之吧，只得在丹佛过夜。世界上最遥远的距离就是我人在丹佛，行李却已到了华盛顿，衣食住行此刻受到了严峻的挑战，那叫一个狼狈。

总之，经过了漫长而又复杂的改签、入住、洗漱，我们第二天终于搭乘早晨的红眼航班出发了。可是，继上次航班在空中玩了回刺激后，今天的飞行也

这就是那架让我们一颗即将落地的心又二次升空的 UA 美联航。（摄于 2014 年 8 月）

毫不“逊色”，眼看距地面还有十几米就能着陆了，谁知飞行员又一拉油门二次起飞，也许是想为我的旅途再加点料吧。

美国的首府华盛顿特区是世界上少数的计划性都市之一，由国会直接管辖，不属于美国的任何一州。1783 年，美国独立后，为平息南北意见，国会授权乔治·华盛顿选定了首都的位置，也就是今天的 Washington D.C.，并指派法国建筑师皮埃尔·朗法来负责规划工作，其中还融入了中国的风水文化。

围绕在湖水、绿树当中的 D.C 国会大厦。（摄于 2014 年 8 月）

由于航班的耽搁，原计划大半天的市区观光游不得不缩到短短的两个小时，国会、白宫、Jefferson纪念堂、Washington纪念碑等，全部点到为止，即拍即走，就这样的一番仓促游览，最后到达新泽西州的旅馆时都已是午夜12点了。洗漱完毕，我躺在床上，想着几个小时后就要前往纽约了，心中不由得激动起来，因为那里有我惦记的姑娘。2013年的秋天，我和她是在首都机场的T3航站楼里邂逅的，故事便由此开始。近一年的时间，我们每天都用晚安陪对方吃着早餐。如今，我终于漂洋过海地从大陆飞到了夏威夷，又转站到本土西部，继而折腾到东部，慢慢地逼近，直至把时差减少到0小时，把距离缩短到1厘米，来到了她的城市。如果说此行访美的目的单纯是为了她，未免太过牵强，但她确实是我去往纽约的理由。

北京遇见纽约，过程无须详述，结局没有爱情，一切尽在不言中。我对这座城市的第一印象就是它和中国的上海很像，窄而长的街道两旁矗立着一座又

那时的白宫里面应该还是奥巴马吧。（摄于 2014 年 8 月）

一座高楼大厦，拥堵的路面上也会有司机不停地按着喇叭。相见前的一刻，我想念的心，装满的都是她，相见后，她带我走起她来时的路，从上午 10 点到晚上 7 点，暴走了 19 公里。我们去了有“梦之街”之称的第五大道和国际金融界的 Wall Street（华尔街）；签到了纽约证券交易所，抚摸了金融街铜牛的 Big Balls；打卡了誉满全球的联合国总部大厦，漫步了气度非凡的洛克菲勒中心广场，其间还坐了公交，换了地铁，彻彻底底地当了回纽约客！众多品牌云集的第五大道，这是一个能让人感到囊中羞涩的地方。走进华尔街，

遥相呼应的杰弗逊纪念堂和华盛顿纪念碑。（摄于 2014 年 8 月）

传说中的联合国总部。（摄于 2014 年 8 月）

当我站在 New York Stock Exchange 门前的那一刻，突然就意识到为何大家挤破脑袋都想往美国扎了，因为只有在这里挥过锤的事业才有可能被视为成功！

二人世界的时间总是飞逝而过的，纽约的一天很快就结束了，没有近距离地观看自由女神像，也没能登顶帝国大厦去体验一把北京遇上纽约的浪漫，只好留作遗憾了。临别前，她问我：“倘若我没有蓝皮护照，你还会不会和我一起玩耍？”我回答：“倘若我是一个无车无房无存款，居无定所朝不保夕的穷光蛋，你会同意我和你一起玩耍吗？”她淡淡一笑，稍作停顿，继续问道：“从相识到相知，从现实到虚拟再到现实，我们能否就这样一直牵着彼此的手走下去呢？”我无言以对，她有她的家庭，在纽约，我有我的父母，在北京，她不能潇洒地离开，我也无法任性地留下，我们本是两条没有交集的平行线，却奇迹般地被创造了三次交叉点，这已经是上天的恩赐，我们

刚刚竣工的纽约世贸中心。（摄于 2014 年 8 月）

的感情到这刚刚好。如果说心里终究要有个位置属于某人，那她就像一根刺一样深深地扎在心底，无法释怀，无法抗拒，无法移除，这就是命运！不得不承认，我们是在错误的时间，错误的地点，遇见了正确的人，这就是青春！此次分别，没有了之前的承诺，都说相见不如怀念，那干脆就把这段缘留在心底，永远珍惜，等到再度相聚时，还可以自然地说上一句：“好久不见！”

就这样离开了有她的城市，第二天早上，驱车 8 个小时，我们前往了美国与加拿大的交界处，有着水牛城之称的布法罗。这里既不像盐湖城那样的原生态，也没有纽约市那样的喧嚣繁华，但世界七大自然奇景之二的尼亚加拉大瀑布却流经于此。瀑布的源头是尼亚加拉河，主瀑布位于加拿大境内，也是瀑布的最佳观赏地，美国境内观赏到的则是由月亮岛隔开的瀑布侧面，它与伊瓜苏大瀑布、维多利亚瀑布并称为世界三大跨国瀑布！我之前听说凡是看过尼亚加拉的人，其他的瀑布就都不用再看了。于是，我抱着半信半疑的态度亲身感受了一下，真是实至名归啊！坐在船上，一步步靠近它，欣赏着尼亚加拉河的巨大水流冲下悬崖，砸起一百多米的浪花，在全程不到 2 公里长的河段里以每小

一座桥，连接了美、加两国。（摄于 2014 年 8 月）

气势磅礴的尼亚加拉大瀑布。（摄于 2014 年 8 月）

时 35.4 公里的速度倾泻而下，经过左岸加拿大的昆斯顿、右岸美国的利维斯顿，穿过“魔鬼洞急流”，由西向东沿着“利维斯顿支流峡谷”进入安大略湖，所有的这一切都在演绎着世界上最狂野的漩涡急流。为了定格这些美好瞬间，我们身上的手机、相机、衣服、背包等，就跟游了泳一样，完全湿透了，但是，值得！

为了近距离观赏瀑布，此时此刻的我已经是上上下下、里里外外的透心凉了！（摄于 2014 年 8 月）

晚饭后回到房间，这是我本次美国之行的最后一晚了，明天开始就要进入紧张而又忙碌的转机归途中。一大早先是飞去国际金融中心之一的芝加哥，然后转机到全美第四大城市休斯敦，最后再搭乘午夜的红眼航班返回北京，24小时内三趟航班，希望它们不要再"顽皮"了！

坐在CA996的客舱里，我开始回忆起这趟长达半个多月的美国之行，城市是真没少去，但都不算深入，印象中只有LA、Las Vegas、New York最为嗨皮，尤其是当我脱离了伙伴，走进当地人的生活中，那种对文化和韵味的感悟才更为真实，也曾有一刻幻想过自己应该属于这里，抑或是前生本就是个西方人，但也只是想想罢了。I have no idea what time I will be back，but do remember，I will be back（我不知道自己何时还会再回来，但是我一定会再回来）！

散落在印度洋上的明珠

2018.01.13—2018.01.20

北京太冷了，最近又有点儿小雾霾，所以订了张机票，飞行十几个小时，来到非洲，听听印度洋的咆哮，喂喂零距离的小鸟。

“即刻启程，说走就走……It will be a long long journey（这将是一趟长途飞行）！未来几天网络不畅，没事儿别找我，有事儿不是大事儿也别找我，大事儿不紧急还是不要找我……总之，我想静静了！”这是当时我在朋友圈发的一条状态，印象中是在 T3 办理完登机后，找了个星巴克打发时间时随手发送的。那这次的目的地又是哪里呢？塞舌尔——一个神秘的海岛王国。

提到塞舌尔，很多人会觉得陌生，十个里有九个半没听过，剩下半个也是一知半解。如果提到钻石，你们或许会联想到南非，但不会想到那里还有一个国家叫塞舌尔共和国；说到蜜月，你们立马能答出帕劳、普吉、马尔代夫、夏

听听印度洋的咆哮，喂喂零距离的小鸟。（摄于 2018 年 1 月）

威夷，却不曾知晓还有一个岛屿叫普拉兰，那才是真正的人间天堂；久负盛名的菲律宾长滩家喻户晓，殊不知博瓦隆的海滩更是举世无双。所以，今天我将正式把脚步踏入非洲领地，去探索地球上那最后的伊甸园，散落在印度洋上的明珠！

这个地方是我在 2011 年的一次外事活动中，从一位当地朋友那里了解到的，为了给塞舌尔的旅游做宣传，离京前她还送了我一本画册。因为当时距她们国家打开旅游市场的时间还不到 7 年（2004 年 12 月 15 日全面开放市场），所以每年去塞舌尔旅游的中国游客并不多，据说还不足五万人，这完全符合我要的感觉。可刚刚工作一年的我囊中羞涩，又不好意思开口向家人要钱，只得把这个旅行计划拖了近七年（直到 2018 年）才付诸行动。那么有人不禁会问：“被你形容得如此美丽的岛屿，为什么中国游客那么少呢？这不科学啊！”其实这个问题不难回答，两个字：“远、贵”！有多远？除每年寒暑假的旅行社团队包机外，其余大部分档期是没有从国内直飞塞舌尔的航班的，要想过去，就不得不转机。以从北京出发为例，算上中转城市的等待时间（按中转等待时间较短的来计算），最快也要十五六个小时才能到达马埃岛国际机场，同样的飞行时间，你可以选择新西兰的南北岛，较短点的可以选择济州、苏梅，当然最容易也最方便的就是家门口的海南岛了，谁还会大费周折地跑到非洲去呢？况且，在大多数人眼中，对非洲的恐惧心理会远远大于对它神秘感的好奇心。那又有多贵呢？这个就要具体问题具体分析了，首先，这么长的飞行距离，往返机票肯定不便宜。其次，在当地随便吃上一顿正餐都要 $50 起，可别妄想是什么饕餮美味，仅是粗茶淡饭而已。外出若是想打车，出租车上是没有计价器的，全靠议价，5 公里以内的距离基本上 $10~$15。当然你也可以选乘公共交通，如果你有强大的耐心且对自己的方向感有充分的自信。住宿方面就更夸张了，二三百美金的房间是根本看不到海的，尤其是一些知名的海滩，一晚标间要你个 500 刀都算是“良心价”了。以上这些解释不知能否解答“当地中国游客少”的疑问，下面我就说说自己的旅程吧！

这次我特意选择了向来以土豪著称的阿联酋航空公司的空中巨无霸——A380-800 型客机，并在临行前付费预留了座位，为的就是能在行程正式开始之前就有一个相对舒服的状态。然而，即便是在高空中已经可以限时限量地使用 Wi-Fi 上网来丰富航程了，但一个人的长途飞行仍旧会备感空虚和无聊，于是我把座椅调平，想让睡眠来帮助自己消磨时间，却怎料几经辗转，依旧毫无困意，最后只能摆 Pose（造型）玩自拍了！

终于，飞机平稳地降落在了塞舌尔马埃岛国际机场，这是一个超小的机场，我从飞机上下来没走几步，就进海关大厅了。入关的人员不是很多，但队伍却移动得很慢，可见非洲人民的工作效率还真是有待提高。办理入关手续时，只要拿着中华人民共和国的护照配合着本人酒店和返程机票的预订单，就可以免签证直接过关，而且会备受海关人员的青睐。毕竟，中国政府在援非方面还是做了很多工作的。

由于塞舌尔是实实在在的热带雨林气候，所以出了机场，迎面而来的就是炙烤般的闷热，浑身上下开始止不住地流汗，要知道我可是刚从 -10℃的北京飞过来啊，简直是冰火两重天！好在出发前预订的接机服务已经准备就绪了，司机小哥看我跟只“水耗子”似的，赶忙过来提行李，这服务意识必须点赞！等我坐进车里的那一刹那，顿感凉风拂面，温度从 38℃直降到 26℃，可见这边的细节工作做得是多么到位，不由得让人心情大好！就这样，半小时后，我被安全舒适地送到了酒店。我选择的酒店位置还是相当不错的，走出大厅就是传说中的博瓦隆海滩，到了这里哪有不下海的道理呢，但此时，近乎要发霉的

我最想做的一件事就是去洗澡！

冲过凉，我换好一身干净的夏装，准备到酒店周边转转，毕竟飞了这么久，现在是又饿又累，得先找个地方把肚子填饱，然后好赶紧回房休息，为明天马埃岛的探索之旅养精蓄锐！因为酒店的位置临海，所以附近的餐厅都是沿海岸线而建的，我挑了家上下两层的日餐馆，上到二楼，找了个靠窗的位置坐下。接着，服务员微笑地递过菜单，让我选好了叫她，我回了个微笑就低下头翻看起来。不得不说，这边的菜单实在是太难懂了，因为塞舌尔曾是英国和法国的殖民地，而这又是一家日式餐厅，所以大部分菜名都是日语、法语、英语混合在一起的。我坐在那里纠结了好半天，才连蒙带猜地点完了，心想着：不管什么菜，来者不拒，闭起眼睛品，道道是精品！就这样，听着海浪，吹着海风，伴着夕阳西下，我享用了到达后的第一顿晚餐。

举世无双的博瓦隆海滩。
（摄于 2018 年 1 月）

塞舌尔和中国有4小时的时差，不过对于年轻人来说似乎没那么明显，又或者是离海太近，尽管门窗紧闭，夜里还是时不时地能听到印度洋的咆哮，所以睡得不是很踏实，总之第二天一早七点半，我就自然醒了（通常旅行中不会起太晚，懒觉可以留着回家睡）。洗漱完毕后下楼去用早餐，到了餐厅时我才发现我是全场唯一一个中国人，虽然食物的种类不多，但氛围很好，十分安静，静到我只能听见自己嘴里咀嚼东西的杂音配合着海浪声的交响曲。吃到一半，我起身推开因潮湿而略带斑斑锈迹的玻璃窗，在距离海水不到50米远的餐厅里，面朝大海，看着天空中时而掠过的海鸟，沙滩上偶尔跑来的宠物狗，顿感心胸无比开阔，希望时间就在此刻定格，并幻想着倘若每天皆如此，又会是怎样的一种生活。

补充完能量，我回屋简单地收拾了一下，就开始了今天的旅程。从地图上看，塞舌尔共和国是一个岛国，坐落在非洲东部的印度洋上，大大小小分布了115个岛屿，主岛为马埃岛，是塞舌尔首都Victoria（维多利亚市）的所在地，也是我探索之旅的首站。这一站的体验大致可分为三大篇章，此篇为市区篇。一天走下来，我听到当地人讲得最多的三个国家分别是China（中国）、Britain（英国）和France（法国），而在描述英、法的词汇中多是用control（支配）、invade（侵犯）、rule（统治）等，而咱们大中国的用词要么是gift（礼物），要么是donation（捐赠），要么是help（帮助），比如市区的博物馆，就是中国政府投资修建的。由此可见，当地人民喜欢中国是有原因的。在市区交通上，司机们的素质都很高，他们极少按喇叭，人行横道必停，所以无论你是开车还是步行，都很安全。

接下来是人物篇。当地人以黑人为主，虽然黑人给大众的普遍印象是懒散，但他们工作起来却一丝不苟，非常认真。依我看，懒散只是因为经济发展落后，长期生活节奏慢而导致的，并不是与生俱来的“特点”。另外，他们待人相当友好，且肤色越黝黑越为明显。举个例子，司机把我送回酒店后离开，但在我外出闲逛时又无意间遇到了他，大老远我就看见他白白的牙齿朝我开了过来，并在我面前把车停下，眉飞色舞地和我攀谈，那种感觉就像是许久未见的老朋友，很温暖。而且这种友爱还不仅仅表现在认识的人面前，在街巷间我也经常可以看到他们同陌生人打招呼，这点有点像我小时候的北京，特别是那时的胡同里。不过，就算是在如此遥远的国土上，也不免发现 70% 的产品都是 Made in China，此刻我是否该为全世界人民都离不开中国的劳动力而引以为豪呢。

下面再说说风景吧。一年中去塞舌尔旅行的最好季节是 4—7 月，晴空万里，无风无雨，只不过紫外线超强，防护措施稍有不慎，你的皮肤分分钟就会让你

塞舌尔的国宝海椰子，重量不轻。它是一种特有的棕榈，被称为“树中之象”。（摄于 2018 年 1 月）

知晓。我来的时间是1月，属当地的雨季，不是阴天就是下雨，可今天恰逢天公作美，太阳伯伯上班了，把马埃岛的山和海映照得别有一番景象！蓝蓝的海水清澈见底，放眼望去无边无际。这里的环境很自然，自然到你可以"为所欲为"，比如，旅途中很难发现公共卫生间，那怎么办？我咨询了景区的工作人员，她的回答令我震惊，原话是："If you need it right now，you can water our plants！（如果你真的很着急，可以为我们的植物浇浇水）"……我不下五遍地反问她"Are you serious？ Are you sure？（你是认真的吗？你确定？）"最后，我返璞归真了……

俗话说，"人是铁，饭是钢，一顿不吃饿得慌"！下面我就来点评一家好评颇高的西餐厅吧。它叫 La Perle Noire，是家意大利风味的馆子，就在我住的酒店对面。今天的点单就不那么费事了，我直接采纳了服务人员的建议，坐等美味上桌。这里的菜肴以海产品为主，而且绝对是当天出海现打现捞的新鲜货，鲜到就连我一个平时懒于动手吃海鲜的人都开始下手剥虾了。当然，不费脑子的代价就是明天又要去换钱了（这边吃饭非常贵，动不动就一两百刀）。餐厅负责人是个爱尔兰女子，人很和善，但是就在我吃完东西准备结账时，她竟然给我上了一杯酒，说是助消化的，这理论光听就醉了。人在他乡，恭敬不

其实我也不知道都有啥，反正全是现打现捞的海鲜，没记错的话这一盘子应该花了100+刀，钱可真毛。（摄于2018年1月）

如从命，干了！喝完我有点儿上头，便和她闲聊了起来。其实我一进门就发现她有点儿亚裔血统，果不其然她是1/4个中国人。后来她问我来自哪里，我回答“中国，北京”，这下不要紧，又来了一杯，还特意补充道：“这杯劲儿可大，您着点儿。”这都是什么套路？我来之前确实听说过中国人在这很吃香，可这也太夸张了吧！赶紧喝光它，趁后劲儿上来之前我先撤。最后买单时，酒水成了赠品，就是因为“You are Chinese”（你是中国人）！

回到房间我躺在床上，一边回想着今天的所见所闻所感，一边计划着明天的行程，想着想着，就进入了梦乡。

接下来几天的日程，我都安排得同样充实，充实到不知该如何划分篇章来介绍，就先来个公共交通篇吧。老实讲，这里的公交车真的很破，破到在国内都很难找到同样的车子，而且候车的时间也要很久，普遍40分钟起，个别线路一等就是一个多钟头。可即便如此，也有人会提前一小时就到那候着去了，因为他们是真的无事可做。出租车的价格要比中国大陆贵不少，和香港类似。像我之前说的，这里的计程车没有计价器，纯靠议价，也没有严格的规律可循，基本上是三公里50元，五公里100元，如果你真的走累了、等烦了，也不是

简陋的公交站，破旧的公交车，一等就是个把小时。（摄于2018年1月）

不可以选择。步行外出确实是个问题，由于街道很窄，有的地方几乎是要和汽车擦肩而过的，正常行驶中的它们车速都很快，虽然在斑马线前会主动停下，但有的区域你极少能找到斑马线或是红绿灯。所以这边出行的最佳方式就是自驾，一天的价格 300 元人民币起，需要注意的是右舵靠左行驶。

下面是公园篇。早上我从酒店大堂主管那里了解到有一个地方叫 Botanical Gardens（植物园），特别有意思，于是决定前去看看。出发前她给了我一张地图，并调侃道：“It will be your adventure day today（今天将会是你的冒险日）！”接着，我就在既没有网络也没有 GPS 的情况下，先步行，后乘公交车，再步行地来到了目的地。如果你喜欢自然，那这个地方你必须来！世界两大之最的海椰子和象龟，这里都能看到。海椰子真的很重，轻的都有二三十斤，重的得五六十斤。至于象龟，或许你之前在动物园里也有看到过，但成群结队的就不一定了吧？更何况我还捕捉到了它们创造小 baby 的全过程。逛到公园深处，是一片天然林区，虽然到不了原始森林的地步，但也还是挺神秘的。我当时就犹豫了很久，最后决定还是进去看看，万一撞见只恐龙或是“金

非常原生态的 Botanical Gardens，我在里面还无意间喂到了“零距离”的小鸟。（摄于 2018 年 1 月）

刚”的，说不定还能弄个普利策奖回国呢。可谁知我越走环境越黑，越走温度越低，每向前一步，身旁的树叶都在嚓嚓作响，树下的飞影都在嗖嗖移动。不怕你们笑话，当时我是真心不敢低头，怕看到什么不想看见的东西，所以除了拍照、录视频，就是一路前行……要知道，这里所有的生物都是不怕人的，对于它们来讲，咱们是客人。

再往后我想介绍一下的就是伊甸岛了，这是当地的富人区。富到什么程度呢？听个笑话吧：我是坐出租车过来的，上车后和司机说要去 Eden Island（伊甸岛），他二话不说，一路狂飙，在驶过一座桥后问我住在哪幢别墅，我听后瞬间蒙圈了，告诉他我是来看海滩的，他听完当即就笑了，“这里的海滩都是私人的，你若不住在这里是看不到的。记得咱们刚刚开过来的那座桥吗？那就是贫富区的分界线，从咱们跨过‘分界线’以后，就24小时活在警方的视线里了，为的是保障富人们的安全。”我问他为什么不早点告诉我，他说有不少中国人都在这里购置了房产，一看我面相也是中国人，所以就没问。司机小哥是真看得起我呀，我还是下车溜达吧。走在路上，我发现这里除了有私人海滩之外，

当地的富人区伊甸岛，放眼望去全是游艇和别墅。（摄于 2018 年 1 月）

还有众多的别墅群落，而且凡是目所能及的房屋都是 3 层起，房子外面就是主人的游艇。为了那仅有的一丁点儿自尊，我转了半个小时就出去了，因为这里真的不适合游客参观。

行程的第四天是全程最累的一天，日未升便起身，月高挂才返回，就连酒店精心安排的 Cocktail Party（鸡尾酒派对）都错过了，但我认为很值得，因为这天当属塞舌尔的精华！先来个题外篇吧，今天是我到塞以来首次遇到中国游客，而且还乱入了他们的 honeymoon（蜜月），当了一天的电灯泡。他们分别来自上海和杭州，是清一色的 90 后，我们是在出海的船上相识的，因为彼此都是中国人，所以一见面就倍感亲切。虽说人家是 90 后，但我感觉我这一而立之年的北方汉子倒是被溜溜儿地照顾了一天，一会儿给点儿牛肉干，一会儿拿点儿虾饼……我可倒好，独来独往惯了，包里除了水、钱包、手机以外，再没有任何东西可以回赠人家，真是大写的“尴尬”！到了海边，他们也是不

全球十大美丽海滩之首——德阿让，海水颜色的渐变会令人心旷神怡。（摄于 2018 年 1 月）

断地提醒我，“小心哦，别扎着脚哟，别滑倒呢”……听到这些，海浪再大心也是暖的！总之，有人陪伴的一天超级棒。

说今天是精华所在，绝不是空穴来风，因为全球最美的海滩德阿让和人间天堂普拉兰都在这一天，我把它们划分为双岛篇。首先是拉迪格岛，这是塞舌尔的第三大岛，从主岛马埃岛的码头坐上渡轮，1小时后就能到达普拉兰岛的码头，再换乘另一艘摆渡船，20 分钟抵达拉迪格。印度洋上的船可真不能小视啊，上下颠簸得非常厉害，我一个敢玩跳楼机的人，在发船后的前半小时里也出现了恶心、头晕等不良反应，不过忍一忍就习惯了。登岛后，岛上的主要交通工具是自行车，因为岛的面积并不大，还很原始，所以几乎没有汽车。来到这里最主要的目的就是欣赏被评为全球十大海滩之首的德阿让，它是世界上被拍摄次数最多的海滩。丝绸般的海岸上矗立着巨大的侵蚀花岗石柱，非常富于表现力。坦率地讲，其实海岛这种地方给每个人带来的感受都是不同的，综

合所有知名的岛屿，它们之间很难有质的差别，这就要看你的关注点在哪里了。我认为德阿让的美体现在它海水的清，清可见底；沙子的细，细如绵糖。站在岸上远远望去，颜色的渐变由浅入深，就好似一幅大自然的涂鸦。在海边漫步时，还经常会出现深一脚浅一脚的状况，偶尔再来点儿小海浪，配合着徐徐海风，稍不留神就是个透心儿凉！

双岛篇之二是普拉兰。普拉兰岛是塞舌尔的第二大岛，为什么说此岛是地球上最后的伊甸园呢？第一是因为距离，从电子地图上看，你需要无数次的放大之后才能发现一个针鼻儿大小的黑点儿，而且这个点儿距世界上任何一个大陆都非常远，因此不会成为游客们的首选，那么岛上的自然环境相对而言就会更少遭到人为的破坏。第二是因为坐落在岛屿中心的五月谷，它是世界上最小的自然遗产，在面积不足 20 公顷的范围内生长着 7000 多棵海椰子树，同时还拥有着许多世界上独一无二的动植物，堪称珍奇大观园，黑鹦鹉就是其中之一。谷内棕榈树枝繁叶茂，高耸入云，林间的虫鸣鸟叫回荡耳畔，尽显热带丛林之景象。第三个原因就是源于这里的海滩——拉齐奥，海天一色在此形容再合适不过了。走走沙滩，趟趟海水，累了，铺上块浴巾，躺在午后暖阳下的沙滩之上，好不快活！但就我个人而言，还是更喜欢德阿让的平静和清透，以及颜色的渐变。其实伊甸园的寓意并非是指风景有多么的美，而是它所带给人们的心灵感受，因为它的存在是要你用心去体会的，那里的一草一木、一山一水，小小的岛屿集天地之众珍奇在此，这才是人间仙境的真正意义！

碧海蓝天的拉齐奥为普拉兰岛能成为地球上最后的伊甸园提供了确凿有利的自然条件。（摄于 2018 年 1 月）

结束行程后回到房间的我已无力再出去觅食了，索性就在酒店一层的自助餐厅里解决，虽然会有些贵而不实，但也能填饱肚子。不过值得开心的是，孤独的旅行就此画上了句号，因为明天我们的“中国小组”还要一同出行！

塞舌尔是一个由群岛组成的国家，那么在岛屿上建造的海洋公园会是什么样子呢？所以第五天的目的地就是圣安妮国家海洋公园。先插句题外话，今天一早，“中国小组”又加入了一对新朋友，他们来自成都，也是来度蜜月的。言归正传，我们依旧是从马埃岛的码头出发，船长会按照规定的航线在海上巡游一整个上午，其间我们可以在甲板上喂鱼，过程蛮有意思的，有时还会把“鱼精”诱出来，大到超乎你的想象。等船驶入固定的海域就可以停靠浮潜了，船方会提供装备，泳衣除外。如果你正因特殊原因不能下海而遗憾，没关系，Reef Safari（海洋双体半潜船）会帮你弥补，只不过为了更好地观赏到不同种类的海洋生物，船会被故意摇晃得很厉害，随行中的朋友有两位都出现了明显的不适。倘若这些你都不喜欢，那不如就浑身涂满防晒霜，躺在甲板上沐浴一下阳光。午餐时段，船上会提供本土的“克里奥尔式自助”，尽管味道很一般，

但就餐氛围相当不错，工作人员会扔下炊具背起吉他，载歌载舞，海上音乐会瞬间就办了起来。下午的时间就是岸上海洋公园的游览了，但由于岸边海水的深度不够，要换快艇上岛，登陆的过程有点像军事拉练，在距海岸不到 50 米远的地方，大家需统一下船，背上背包（就是自己的书包），趟着过膝的海水，向岸边前进。上岸后，岛上的活动以徒步为主，脱下人字拖换上运动鞋，开始丛林探险。这里面的生物全部是野生的，悠然漫步的象龟、肆意穿行的蜥蜴，以及指甲盖大小的蚂蚁，应有尽有。你还可以看到很多“美女”，它们大大的眼睛、细细的腰、修长的大腿、翘翘的臀，那就是蜘蛛，而且是巨型蜘蛛！有多大？伸出你的右手，就明白了。你在树下行走，它们就在距你头上不足两米的地方爬来爬去！总而言之，一下午的时间可谓步步惊心，但事后回味起来，

岛上的我和悠然漫步的象龟构成了一幅『人与自然』的和谐画面。（摄于 2018 年 1 月）

也是一次难得的野外原生态体验。

拖着精疲力竭的身子回到住处，就又到了晚餐的时间。由于对昨日的酒店自助餐有些失望，所以今天我决定再累也要出去觅食了，好在旁边不远处就是家印度餐厅。一进屋，空气中就弥漫着某种特有的浓郁气息，还是那句话，待久了就习惯了。不过点单又成了一大问题，我的方法还是那个——看运气。就餐过程中，这里和西餐厅类似，会有餐前赠品，是一种很辣的食物。之后上来的是饮品，我点的“On the Beach（在海边）”，很应景。到主菜的时候，服务员会先给我上来一个如脸那般大的盘子，干什么用呢？我偷瞄邻桌，原来是把主菜和主食放在盘子里拌着吃。我照猫画虎地做了一番，尝了尝味道还挺好！最后餐厅附送了一个小甜点，我抿了一口，超级难吃，放那再也没动。负责人貌似看出了我的心思，上前询问原因后立刻拿回厨房重做，这意识和态度真有点儿米其林餐厅的做派。其实这几天给我最大的感触就是塞舌尔的服务业的确是有令人意想不到的成熟，无论是在旅游业还是餐饮业，“专业、人性”四字足以概括。

旅途的最后一天，受当地朋友推荐，我来了场徒步，还没忘拉上昨天那两位成都的朋友，似乎是要把人家才刚刚开始第二天的蜜月之旅就搞成了“疲惫之行”。我们来到离酒店最近的公交车站去候车，今天的运气还不错，等了十分钟车就来了。在总站下车后，我们接连打听了多个路人，一路边问边找，边找边玩，其间还在当地一处居民家里饲喂了果蝠，总之好一通的寻觅之后，才开始了真正意义上的Hiking Tour（徒步之旅）。其实往返的总距离不到4公里，但全程都是山路，有的地方甚至还需要手脚并用，因此我认为这是我三十年来走过的“最长的”4公里。沿路看到过几个工作人员，我每次都会问他们相同的问题：“How much further（还有多远）？”答案从1小时，到45分钟，再到20分钟，不是都说时光如水吗？今天怎么了？在走到全程三分之二的时候，我真的想过放弃了，内心挣扎了许久，“To go or continue to go，there is no choice（是走还是继续走，我们别无选择）！”终于，我们到了……客观讲，这里的海滩较前两天见识到的来说非常小，但优点是人超少，所以，如果你热爱自然，喜欢登山，享受清静，青睐雨林的话，那这个地方是不二之选。

回国的航班我订的是午夜的，因此在去机场之前，当地朋友还有时间带我去了一家名叫 Marie-Antoinette 的百年老店践了践行。餐厅的室外环境像是一个小型的生态园，种着很多热带花草，还饲养着一些小型动物，当然两大之最海椰子树和象龟是必不可少的。室内的装修风格很古典，以木质结构为主，角落处还摆放着一些老旧的西洋乐器。这里点单非常容易，因为是 Fixed Menu（套餐），我只需点自己的酒水饮料就好了……他家的菜量很大，口味也不错，其实我认为无论好吃与否，都应该尝试，毕竟身在异国他乡，体验才

百年老店的食客留言簿，看来现在要开始玩“大”红书了。（摄于 2018 年 1 月）

是最重要的！餐厅的门口处有一张桌子，上面摆放了几本大红书，这就是餐后的留言簿，是按国家分类的。如果下次你们有谁再来这家餐厅，可以顺便找找我的留言。

午夜时分，雨一直下。外面的世界很精彩，一路走来，我除了开心，就是幸运，服务近乎完美的酒店，没有暴风骤雨的天气，以及未发生水土不服的自己！外面的世界很无奈，一个人的旅行说走就走，固然洒脱，但行走了这么多年，还是会有诸多不便，我的快乐无人能在第一时间分享，我的困难没人能在第一时间帮助，那些来自祖国四面八方的朋友，他们的出现是此行的小幸运，让后半段的旅途不再孤单。人生就是这样，万般皆缘！

我的下一站将是哪里？境内境外？人文自然？美食美景？未完待续……

附录

第一篇：2015 年带 18 位美籍华人走丝绸之路的工作日志

PSR 0910 领队日志

2015.9.11—2015.9.24

9 月 11 日　北京　接机

6 人乘 CA986（旧金山 – 北京 T3）延误 17：55 → 18：10 到达后在 T3 等候 CA988 的 2 位客人，合并接机。

2 人乘 CA988（洛杉矶 – 北京 T3）延误 18：00 → 18：17 到达后与 CA986 的 6 位客人一同送回酒店，由考斯特司机带回，客人自己在前台办理入住，领队继续留守机场等候后续航班。

2 人乘 CA982（纽约－北京 T3）延误 18:20→19:05 到达后领队将客人送到车上，由司机师傅载回酒店，客人自己在前台办理入住，领队继续留守机场等候后续航班。

2 人乘 CX312（香港－北京 T3）延误 20:25→20:58 客人要求单独接机，由领队亲自带回酒店办理入住。

9 月 12 日　北京—乌鲁木齐　南山牧场

4:00 叫早，早餐外带，领队提前 1 天晚上在酒店西餐厅订好，并说明次日 4:30 之前送到酒店大堂，由领队统一领取发放。

4:45 出发（实际 4:55 出发），约 35 分钟后到达 T3。去机场的路上领队用中英双语在车上给全团客人开“出团说明会”。

5:30 到达 T3 办理登机手续。早航班的“团队柜台”乘客很多，没有排队等候的意义，领队提前在车上说好航班的相关信息，客人以家庭为单位自行去散客窗口办理，然后再集合，一起过安检，省时高效。

5:45—6:15 安检非常严格，与往年不同的是，去新疆、西藏的乘客不需要再走特殊安检通道了。另外，除常规物品需要掏出过机检外，钱包、钥匙、充电宝、相机、Pad、手机等小件物品也需掏出并过安检，切记要提前掏出，否则耗时更长。

6:15—6:55 候机大厅候机。

6:55—7:15 开始登机，没有廊桥，需换乘摆渡车。

8:10　11:30 乘 CA1293（北京 T3—乌鲁木齐）预计 7:30 起飞，但因飞机上有乘客临时取消了航班，为安全考虑，需将其托运的行李取出，而此时段起飞的航班又有很多，所以在跑道上等了很久，导致航班晚点。

8:45—9:45 早餐服务，分中式、西式。中式：粥、豆沙包、卤蛋、水果等；

西式：炒蛋、牛角包、香肠、水果等。

11:30 降落，机场不大，出行李很快，约 30 分钟全部取完。领队带着团队出机场后与 Local Guide Joyce Yao 碰面，人还不错，讲解通透、细致，故事多。

12:10 乘车（39 座）出发去餐厅用午餐。司机人很好，老实、听话，但是车况较差，特别脏，减震几乎没有，客人不太满意。因为新疆地广人稀，大部分时间都在车上，所以客人担心驾驶安全问题。建议下次提前和地接社确认车况，否则会影响客人游玩的心情。

13:00 到达“军交楼”餐厅，2 楼大厅，2 桌，一桌 10 人，一桌 8 人，就餐环境很一般，有吸烟的，但是没有办法，新疆条件有限，只能请客人理解，餐的品质也不敢恭维，虽然在出团说明会上已经做了铺垫，但还要继续安抚情绪。全程来看，新疆段的旅行需要做的心理准备是最多的。

14:05 出发，去南山牧场。由于天气预报说第二天会下雨，于是地陪和客人商量后决定将明天下午的南山牧场调换到今天下午进行，把原本的新疆维吾尔自治区博物馆改到明天。但事实证明，还是不要这么调换，因为博物馆 17:30 就闭馆了，第二天上午去完天池下午再赶去博物馆的话，时间很紧张。

16:05 到达南山牧场的检票口，车程 2 小时。地陪去买票，景区的工作人员会上车清点人数（检票），约 5 分钟。

16:10 继续前行，5 分钟后到达停车场，集体用洗手间，不干净。

16:15—17:45 游览南山牧场，哈萨克族毡房家访。时间很紧张，没有时间自由活动去看瀑布或是骑马。建议：家访可以安排，但是哈萨克族舞蹈环节可以省略，因为都是些小孩子在跳，并不专业，可大家又不好意思直接离开。从客人的角度讲，有些耽误时间。

17:50 集体用过洗手间后出发去餐厅用晚餐，车程约 1 小时。

18:50—20:00 “瑶膳缘”餐厅用晚餐，包间，环境还行，不过菜品还是老样子，能吃饱，不能吃好。

19: 50 客人集体下楼买水果，餐厅旁边有零散的水果摊。

20: 00 出发去酒店入住，约 30 分钟后到达锦江国际酒店。

20: 30 办理入住。新酒店，只要客人的名单和护照号，无需护照原件，很是奇怪。房间相当好，比 ×× 酒店强得不是一点儿半点儿，房间有 Wi-Fi，需要密码。

9 月 13 日　乌鲁木齐　天山天池 新疆维吾尔自治区博物馆

7: 00 叫早，早餐在 2 楼（7:00 开始），报房号，自助餐，很丰富。

8: 30 出发（实际 8:35 出发）前往天山天池，车程约 1 小时。

9: 40 到达天池景区的大巴车停车场。进入售票大厅后，集体在左手边的洗手间如厕，很干净。地陪去买票，赶上了每年的“丝路专列”，人很多，大概 20 分钟。

10: 15 换乘景区的摆渡车，团队被随机分成了两个批次，地陪先走，领队垫后。全程分两站，约 15 分钟后到达第一站，全体下车，穿过一条商业街后，换乘另一辆摆渡车，再行驶 30 分钟，就到天池景区的摆渡车停车场了。下车后有洗手间，较干净，可用。从停车场到天池游船的码头步行还是有段距离的，可选乘电瓶车，RMB 10 元 / 人，约 5 分钟到达。如果坐就都坐，否则没有意义。

11: 00—12: 45 游览天山天池，坐船游湖约 30 分钟，下船后山中漫步约 40 分钟。

13: 00 返回景区摆渡车的停车场，乘车去半山腰的“亚克西”餐厅用午餐，约 20 分钟后到达。

13: 30—14: 15 亚克西餐厅午餐，环境一般，很民俗，有包间，两张大桌子。客人能吃到新疆当地的风味菜：凉皮、烤馕、大盘鸡、羊肉汤、肉串等，能吃饱，但需要赶景区摆渡车的时间表，所以用餐时间要快。餐厅内无洗手间，旁边的“岩石”洗手间很干净，可以用。

14：30 乘景区的摆渡车返回山脚下的停车场，约 15 分钟后到达。

14：45 回到大巴车的停车场后，乘车去新疆维吾尔自治区博物馆，车程约 1.5 小时。

16：15—17：30 参观博物馆，要安检，一定把握好时间，主要是看二楼的干尸，时间比较有限，如果讲解细致的话，2 小时参观为宜。

17：30 出发去餐厅用晚餐，约 30 分钟后到达“一帆风顺”餐厅。大厅，环境一般，餐厅旁边仍有卖水果的，单位是“公斤（kg）”，可以讨价还价。

18：00—18：45 晚餐，还是大盘鸡、番茄炒蛋，品种单调，后经协商，将番茄炒蛋改成了宫保鸡丁，大盘鸡改为洋葱炒肉。

19：20 到达酒店休息。

9 月 14 日　乌鲁木齐—吐鲁番　达坂城风力发电站 葡萄沟 坎儿井 交河故城

7：00 叫早。

8：15 退房，存大件行李，领队拿行李牌，但由于是一家新酒店，礼宾部人手不够用，所以过程很慢，大概存了 30 分钟。

8：30 出发（实际 8：50 出发），约 70 分钟后到达达坂城风力发电站。

10：00—10：05 达坂城风力发电站停车区短暂停留，照相。发电站区域常年大风，平均风力 7 级以上，最大可达 12 级。此处厕所不宜用，非常原生态。

10：05 乘车继续赶路，约 20 分钟后经过盐湖景区。

10：30 在盐湖服务区用厕，很干净，可以用。

10：45 短暂休息 15 分钟后继续赶路，约 70 分钟后到达吐鲁番服务中心。

11：55—12：35 服务中心用洗手间，地陪去买票，又赶上了“丝路专列”，人很多，等很久。

12：35 出发去餐厅用午餐，约 15 分钟后到达。

12:50—13:40“高昌宾馆”用午餐，2楼包间，两桌，环境还好，菜品一般。餐后有几位客人开始抱怨行程太过松散，基本上都是坐2~3小时的车后，在景点里却只游览了1~2小时，等同于大部分时间都浪费在了路上，认为不太值得！但是没有办法，新疆就是这么幅员辽阔，只能多多理解。

13:45出发前往葡萄沟，约10分钟后到达。

13:55—14:55葡萄沟游览，主要是去“老乡”家做客，有维吾尔族人讲解，有水果吃，还可以买葡萄干、葡萄籽。个人感觉价格稍贵，建议公司取消家访。因为无论客人买与不买，都会影响个别客人的情绪，毕竟现在购物很招人反感。

14:55乘车去坎儿井，约20分钟后到达。坎儿井分新旧，我们这次去的是老坎儿井，据地陪说老坎儿井更有意境。

15:15—16:30坎儿井参观。

16:35乘车去交河故城，约15分钟后到达。

16:50—18:40参观交河故城，考虑到之前有部分客人反映行程过于松散，于是地陪带领客人走了故城的全程，90%以上的团队是不这样操作的，因为耗时会很长。如果团中有客人不想走了，可以原路返回到景区的入口处等候大部队。

18:40乘车去酒店，约30分钟后到达。

19:10到达吐哈石油大厦check in（入住），护照复印很慢，领队来等，客人先回房休息。房间无Wi-Fi，大堂有，但是很难连上，网速很慢。

19:55大堂集合，dinner and show（晚餐+节目），约5分钟后到达剧院。

20:00—21:35吐鲁番盛典，就餐环境一般，和西安的“唐乐宫”剧院不可同日而语，不过show（演出）很不错，餐也还好，可无限添加，但我们又赶上了“丝路专列”，上餐很慢，环境极为嘈杂。领队的工作餐吃得也不好。

21:40上车返回酒店，约10分钟后到达。

9月15日　吐鲁番　柏孜克里克千佛洞 火焰山　乌鲁木齐 国际大巴扎

7：00叫早，早餐在1楼电梯对面（7：30开始），报房号，种类不多，一般般。

8：30退房出发（实际8:35出发），车程约40分钟，到达火焰山的后山。沿途可根据路况让团队下车拍照15分钟，景色还是不错的，主要是没人。

9：30上车继续前行，约5分钟后到达柏孜克里克千佛洞停车场。

9：35—10：35参观千佛洞，只开放了4个洞窟，窟内不可照相，会有当地的少数民族安保人员监视。

10：35出发去火焰山景区，约15分钟后到达景区的停车场。

10：50—11：30参观火焰山景区，主要看金箍棒温度计，它是全球最大的地表温度计，破吉尼斯世界纪录了。由于已进入初秋时节，当天的温度只有33℃(约92℉)，不过据历史统计数据来看，夏天地表的温度最高可达83.3℃(约182℉)，能直接煎鸡蛋，而地表的平均温度也要70℃（约158℉）以上，那么大气温度至少是50℃（约122℉）。

11：35乘车去餐厅用午餐，约40分钟后到达“麦西来甫”餐厅。餐厅是新装修过的，有大包间，不过油漆味很重。

12：15　13：25午餐，领队要继续提醒餐厅更换菜品，否则又是大盘鸡、羊肉串、番茄炒蛋。

13：25乘车返回乌鲁木齐，上车前提醒客人在餐厅用洗手间，因为车程近3.5小时，没有特殊情况，中间只停靠一次服务区。

15：10高速公路服务区用洗手间，很干净，短暂停留了15分钟，舒活舒活筋骨。

15：25继续赶路，约80分钟后到达乌鲁木齐国际大巴扎。

16：45—19：30大巴扎自由活动。大巴车无法停靠在门口，需下车步行5分钟。门口开包安检。在大巴扎可以买和田大枣、葡萄干等新疆的纪念品，价格公道，可讨价还价。

19:30 乘车去餐厅用晚餐，约 20 分钟后到达。餐厅还是之前用过的“一帆风顺”，据新疆地陪讲，条件有限，接团餐的餐厅就这么多，只能二用，没有办法。

19:50—21:00 晚餐，领队和餐厅协商后，将 70% 的菜品都换掉了，客人相当满意，认为这是目前吃得最好的一顿。

21:00 乘车返回酒店，约 15 分钟后到达。

9 月 16 日　乌鲁木齐—敦煌　白马塔　敦煌博物馆

4:40 叫早。

5:00 早餐打包，前台取餐，每人两盒，有水果、酸奶、香肠、面包等，比北京 ×× 酒店的早餐盒要好很多，客人很是诧异。

5:40 出发，时间早，交通很好，约 35 分钟后到达机场。

6:15—7:15 换登机牌。安检前需要带着自己的登机牌去柜台查询托运行李是否合格，大概需要 5~10 分钟。这里的安检可以说是国内最严格的安检，无论男女老少，均需脱掉外套、鞋子，解下腰带并清空口袋，耗时很长，人均 5~10 分钟，因此还是建议再早出发 30 分钟，时间会更充裕一些。

7:30 登机，8：15 起飞，15 分钟后开始提供机上早餐，2 个小面包、1 盒酸奶、1 瓶矿泉水。

9:15 抵达敦煌，机场小得不得了，一天才两班飞机，所以行李很快就出来了，大概 15 分钟。

9:30 见到敦煌 Local Guide Amy Pan，人超好，实在，招客人喜欢。

9:40 上车（39 座）先回酒店休息。敦煌的市区小，人口少，车辆少，所以很快就到敦煌山庄了，约 20 分钟。和新疆比起来，这边的车况要好很多，干净、新，客人各方面都满意。

10：00　12：00 到达敦煌山庄办理入住，简单休息 2 小时。酒店虽挂四星，但让客人眼前一亮，因为内部装潢和外部环境都非常抢眼，客人很喜欢。山庄的大厅和房间里均有免费 Wi-Fi 提供。酒店电梯可直达 3 层，而 4 层的露天平台则需要步行上去，这里也是用早餐的地方。每天的早餐需要早餐券，1 张／人／天，如果有兴致的话，早晚时段也可在平台欣赏日出、日落。然而，领队的房间却被安排在了 2 站地（500m/ 站）以外的简易楼里（虽然还是在山庄里，但真的很远），连行李都得开电瓶车运送过去。在此，我很感谢 Local Guide Amy Pan 的帮助，她和前台协商后，给我安排了个单间，否则还要与其他团队的同行们拼房……领队是在工作，起得比客人早，睡得比客人晚，操的心比客人多，很是辛苦，所以也是需要保证休息质量的，这点公司有必要重新考虑。当然，我个人愿以酒店协议价补足单房差，与客人同住。

12：00 山庄大堂集合，乘车去用午餐，约 15 分钟后到达“食为天”餐厅。

12：15—13：00 食为天餐厅用午餐，大厅 2 桌，环境还行，但服务员服务意识不够。菜品很不错，终于脱离了番茄炒蛋、大盘鸡和羊肉串了。

13：00 出发去白马塔，约 15 分钟后到达。

13：15—13：45 白马塔参观，很小，半小时足矣，可顺时针绕塔三周，“健康长寿，美梦成真”，全团都绕了。

13：45 出发去敦煌博物馆，约 15 分钟后到达。

14：00—15：15 敦煌博物馆参观，不喜欢参观的客人可以在出口处等待，有免费茶水和沙发提供。

15：15—15：30 乘车返回山庄。

15：30—17：30 山庄休息。

17：30 大堂集合，应全体客人要求，乘车去敦煌夜市（原名沙洲夜市）自由活动。

17：45—18：30 夜市自由活动 45 分钟，不过时间太早，店铺都还没开，没啥可逛的，客人有点失望。

18: 45 到达“花雨楼”餐厅用晚餐。

18: 45—19: 30 晚餐，两个包间，非常好，环境、菜品、服务是全程最好的，也是客人最满意的，完全可以二用。

19: 30—20: 00 餐厅外遛弯消食，客人吃多了。

20: 00 出发去剧院看 show（演出），约 10 分钟后到达剧院。

20: 10—20: 30 剧院的广场里可以看热场舞蹈，感兴趣的还可以与演员们拍照留念。

20: 30—21: 50 show time（演出），不错，汇合了舞蹈、杂技、功夫，要保留。

22: 00 乘车返回山庄，约 10 分钟后到达。

因敦煌的城市面积太小，人口又少，所以交通便利，而且到哪里都近，用时都短，非常方便！另外，市区打车也很便宜，起步价 RMB 8 元。

9 月 17 日　敦煌 鸣沙山　月牙泉风景区　莫高窟

7: 00 叫早，早餐在山庄顶层平台，需步行一层（7: 00 开始），门口处收早餐券。餐厅内外均有 Wi-Fi，可以边拍日出边发状态，不过这个季节着实有点冷，室内餐厅的座位有限，大部分客人都要坐到室外，建议多穿件外衣，否则肯定感冒。我当时是里面穿了个短袖，外面穿了个长袖外套，后来就发烧了。

8: 30 出发，10 分钟后到达鸣沙山、月牙泉风景区。

8. 40 在景区门口拍照。这里可用洗手间，很干净，地陪 Amy 去买票。

8: 40—12: 20 游览鸣沙山、月牙泉。如果需要鞋套，可以租用。骑骆驼的项目是不含领队和地陪的，如果想骑需要自费。一般情况下，5 人为一组，也有 4 人或 10 人的，由景区调度统一安排。每一组驼队有一位牵骆驼的人，分两段，上山一段，然后鸣沙山上自由活动30分钟，完事下山再有一段。建议每位客人准备RMB 5~10元，在项目结束后作为Tips给牵骆驼的工作人员。另外，假如全程需要牵骆驼的人为自己拍照，还需另付RMB 20元/人。从出发计算，约30分钟可到达骆驼的集散地，提前告知客人，记住牵骆驼的人和下骆驼的地点，且尽量集体行动，因为要一组人凑齐后才可下山，否则就要在山上等。集散地的洗手间可以用，很干净。从集散地的栈道再步行到月牙泉大概15分钟。如今的月牙泉是越来越小了。在景区入口处，地陪先做简单的讲解，告知集合时间，基本上是30~40分钟的自由活动，然后客人再自行返回景区的入口处，可以乘坐电瓶车。此处走路较多，大沙漠比较热。

12:20返回停车场去餐厅用午餐，约10分钟到达。

12:30—13:30“汉唐大酒店”午餐，包间，客人喜欢，环境好，菜好。

13:30乘车去莫高窟，约20分钟后到达停车场。

14:00—18:10参观莫高窟。领队、地陪均需换票进入。先排队进影院观看电影，分两场，第二场是穹幕电影，很震撼。建议客人观看第一场电影时坐在后排，这样好撤离，因为两场电影不在同一个放映厅，换场出口在后面。观影结束后，可在影院外的洗手间如厕，然后统一换乘摆渡车去莫高窟景区，约15分钟车程。下车后仍有洗手间可供使用。目前，景区内共有几十个洞窟对外开放，每个团队会随机参观6~8个，需跟随景区内的专业讲解员，她们有钥匙，看一窟、开一窟，完一窟、锁一窟。讲解分为普通话和外语，如需分开讲解的话，领队跟一队，地陪跟一队。参观结束后按原路返回到摆渡车的停靠站，这里也有可能把团队拆分成两拨，依旧是领队带一拨，地陪带一拨。

18:10从景区停车场返回到自己的大巴车，回市区去用晚餐，约30分钟后到达餐厅。

18:45—19:30“金叶宾馆”用晚餐，包间，两桌，菜不错，就是量微小，需适当加菜。

19:30 返回山庄休息。

9 月 18 日 敦煌—嘉峪关 嘉峪关长城 长城博物馆—兰州

6:30 叫早。

7:00 早餐开始，多穿衣服，冷！提醒客人需要吃得快一些，因为要尽早出发赶路。

8:00 退房，出发去嘉峪关，路途遥远，385 km（240 miles），约 5 小时的车程，其间停靠两次服务区用洗手间。10:05 停靠一次，下车休息 10 分钟后继续赶路。11:55 再停靠一次，下车休息 15 分钟。

13:00 到达午餐餐厅。

13:00—13:50 汇力公寓的“陶然会馆”用午餐，大厅，两桌，吃得不错，提醒客人要多吃，因为晚餐无法在餐厅享用，需配合火车的车次和到站的时间，所以只能带 dinner box（晚餐盒）。

13:50 出发去嘉峪关长城，约 20 分钟后到达。

14:10—16:20 游览嘉峪关长城及长城博物馆，需检票 2 次，走路比较多。因为火车时间是 17:56 的，所以游览时间比较紧张，到最后的博物馆只能是走马观花。

16:20 从嘉峪关出发去火车站，其间取“晚餐盒”，由地接社计调提前买好，约好时间、地点，跟团队会合。餐盒里有水果、酸奶、矿泉水、面包、火腿肠等。

17:00 到达动车站，安检，候车。火车站很新，但配套设施还不完善，没有“小红帽”服务，需要自己扛着托运行李步行上楼梯，约 30 级，着实有点够呛。但是和之前的过夜火车相比，动车舒服了很多，只是行程上需要改良，因为无论选择哪趟车次，都牵扯到晚餐的问题，早一班景点玩不完，晚一班到站就后半夜了……个人之见，两种解决方案：1. 动车先到西宁，如果公司可以拿到从兰州飞回北京的机票，那么行程就可以颠倒一下，先走西宁，后走兰州，这样火车的车次可以推后到 18: 45 那一趟，大家在嘉峪关用完晚餐再上车，到西宁也才 22: 00 左右，比较合理；2. 如果行程无法更替，那就建议公司取消当天的晚餐，就像 PCZ 系列从太原—郑州的动车一样，晚餐不含，想吃就在火车站或是火车上买盒饭，这样客人不会抱怨。

17: 35 检票上车，17: 50 火车进站，经停站，只有 6 分钟，要搬着大件行李上车，确实有点挑战，步伐要快。17: 56 准时开车，客人车厢较为分散，一共 18+1 人，却被随机分配到了 3 个车厢。全程 4 小时 16 分钟，共 5 站，第 4 站西宁，终点站兰州。

22: 12 到达兰州站，下车后在 B1 层集合，需要检票出站。出站后见到 Local Guide Ms Ma，不会讲英文，因为正值“丝路”旅游的旺季，地接社实在没有双语导游了，只能派个普通话地陪，不过服务意识还不错，对工作也是蛮认真的，可还是双语导游更好一些，也会更有经验，望下次注意，提前备好双语陪同。从站台走到停车场较久，大概 15 分钟，要坐很多次滚梯或直梯。

22: 40 乘车（39 座）出发去酒店入住，虽然交通很好，但是距离较远，所以仍开了 30 分钟才到酒店。

23: 10 入住兰州阳光大厦，大堂有免费 Wi-Fi，房间无。客人觉得酒店较老，房间也小。领队还是无房，被安排到了旁边的如家快捷酒店，居住环境还可以，能接受，比在敦煌的“简易楼”要好，但没有早餐，和地接社沟通后，早餐和客人在阳光大厦享用。

9 月 19 日　兰州　黄河铁桥　白塔山　刘家峡水库　炳灵寺

7: 00 叫早，早餐 2 楼西餐厅（6: 30 开始），报房号。种类很多，非常好。

8: 30 出发（实际 8:35 出发），10 分钟后到达中山桥。

8: 45—10: 30 步行参观中山桥，过桥登白塔山，自由活动 30 分钟，可在山脚处用洗手间。登山前告知集合时间，切记原路返回。

10: 30 出发去刘家峡水库，约 105 分钟后到达餐厅。

12: 15 到达“刘电宾馆”用午餐，大厅，两桌，菜品一般，不如敦煌。

13: 00 出发去码头，约 15 分钟到达停车场。下车后需步行到码头，约 15 分钟。

13: 30 上快艇，8~10 人 / 艘，分两艘，航程约 50 分钟，浪较大，要坐稳。

14: 20 到达炳灵寺码头，下船后步行到景区检票处约 10 分钟。

14: 30—15: 30 游览炳灵寺石窟，很大，耗时较长，需加快脚步，否则很难走完。

15: 40 乘快艇返回，上车前用洗手间，RMB 1 元 / 人。

16: 50 乘车返回市区，非常堵车，车程 130 分钟。

19: 00—20: 00 到达“东方宫中国兰州牛肉拉面”餐厅，吃套餐，每人一碗面，一个鸡蛋，两盘随机小菜。由于此餐厅为穆斯林餐厅，所以不提供酒精饮品。

20: 00 乘车返回酒店，仍然很堵车，约 30 分钟到达。

9 月 20 日　兰州—西宁　东关清真大寺　马步芳公馆

6: 30 叫早。

8: 00 退房，出发去西宁，路途遥远，近 300 km（约 180 miles），车程约 3.5 小时，途中用一次洗手间。

9: 40 高速公路的服务区用洗手间，休息 15 分钟，可以买水果，很便宜。

9: 55 继续赶路。

11: 30 到达“中青生态园”用午餐，环境很好，有特色，被假山、绿植等包围。餐也好，可保留。

11: 30—12: 30 午餐。

12: 30 出发去东关清真大寺，约 10 分钟到达。

12: 40—14: 30 参观东关清真大寺，恰赶穆斯林教徒做礼拜，大概30分钟。个人感觉，如果没有赶上礼拜，团队中也没有教徒的话，此处景点不够精彩，大多数客人会觉得乏味。

14: 30 出发去马步芳公馆，约15分钟到达。因赶上塔尔寺（9月16日–9月22日）内部正举行佛事活动，故对游客关闭，与客人协调后，改为马步芳公馆。

14: 45—16: 30 参观马步芳公馆，但我个人认为和塔尔寺不是一个级别，只能说客人太遗憾了。

16: 30 乘车去餐厅用晚餐，约40分钟到达餐厅。下车后需步行10分钟，穿过一个小花园。餐厅很不错，但是没记住名字。

17: 20—18: 10 晚餐，大包间，两桌，环境非常好，高大上，菜也好，有牦牛酸奶可以喝，需自费，RMB 8元／碗。

18: 10 出发去青海宾馆入住，约30分钟后到达，还是很堵车。

18: 40 入住青海宾馆，房间有免费Wi–Fi。领队又被安排到了酒店旁边的小旅馆，步行需5分钟。房间在地下室，此事很是不爽。

9月21日　西宁　青海湖

6: 30 叫早，早餐2楼（7: 00—9: 30），刷房卡用餐，据客人讲还不错。此处有个大问题，没有司陪早餐，而且酒店周边也没有早点摊，连个像样的超市都没有，这个问题必须解决！虽然地陪自掏腰包提前买了早点，但这不是长久之计，还是需要公司介入解决。

8: 00 出发，车程约100分钟，途中无“可用”的卫生间。

9: 40 到达日月山景区的换票处，地陪去换票，此处可用洗手间。换票后检票人员会上车清点人数，之后才能开车上山，约10分钟后到达日月山景区的停车场。

10:00—10:40 日月山景区游览，注意海拔，此处超过 3000 米（超过 10000 英尺），个别人员会出现呼吸急促的现象，可适当放慢脚步，如仍有不适，就在车内等候大部队。

10:40 出发，向青海湖行进，约 1 小时车程。途经倒淌河，但被当地藏民用经幡围住了，无法拍照，只能从缝隙中看到一摊小池水，并不壮观。

11:45 到达青海湖旁边的餐厅用午餐，赶上修路，很脏，卫生间也脏。

11:45—12:40 午餐，在高原上就算还可以的了，能吃到牦牛肉，但是米饭比较夹生，没办法，蒸不熟。

12:40—15:40 青海湖游览，此处海拔更高，要注意步伐频率，别挑战极限。从入口处需步行 30 分钟左右到达码头，也可选坐电瓶车，不过不建议，围着湖边走走，看看风景还是蛮不错的。先是一排房车博物馆，但据说是仅供参观。然后会途经一个比较干净的卫生间，可集体使用，因为之后的很长一段时间都没有了。到青海湖边时可以拍照，就是要小心相机别掉湖里。（领队一定要提前告知客人穿好衣服，因为湖边会特别特别特别地冷！很多客人都自不量力，等上船后全傻眼。穿多了可以脱，冷了可没人借你衣服穿！）再往前走就上栈道了，能看到西王母娘娘的雕像，只是现在涨潮了，没法近距离观摩。到码头后，地陪去买船票，游船不允许陪同免费乘坐，价格是 RMB 110 元 / 人。

13:30 统一上船，船游青海湖，可以看到鱼雷发射基地，不过已经废弃了。约 20 分钟后到达二郎剑景区，下船就有卫生间，但是不太干净。个人感觉这个地方是真没什么可看的，大部分的时间都是在岛上长距离地步行，走不动的倒是也可以坐电瓶车去景区的摆渡车站，RMB 20 元 / 人。如果不坐，那就慢慢地溜达，大概需要 30~40 分钟，其间也没什么特别的风景。

15:00 陆续到达景区的摆渡车站，人满发车，不是每人都能有座，先到先得。约 15 分钟到达景区的出口（不是大巴车的停车场，离停车场还有 10 分钟的步行的距离）。

15:15 到达摆渡车站，集体用卫生间，很干净，建议大家都要用，下一站就是市区了，要两个小时。

15:50 回到车上开始返回市区，约 2.5 小时车程。青海湖周边会有一些少数民族的小孩在客人面前晃动，吸引他们的目光。一定要提醒客人不能照相，甚至偷拍也不行，会被旁边的“家长们”发现，强行收取钱财。

18:10 到达酒店。由于地接社把肥牛火锅定在了莫家街 1 号的“顺丰肥牛火锅”，还是无法更改的团购券，但现实情况是那边根本就不让大巴车通行，于是和地接社沟通之后的结果只能是统一从酒店打车去餐厅用餐，往返的交通费用由地接社来承担。尽管如此，效果仍然不好，虽然客人表示理解，但是着实不太方便，18+3，21 个人打了 6 辆出租车，回来时又是 6 辆，当天还下着雨……这个餐厅一定要改，绝不能再用。

18:45 分批次从酒店打车去餐厅，地陪第一辆车，领队最后一辆车，30 分钟后陆续抵达。

19:15—20:15 顺丰肥牛火锅用晚餐，环境还不错，大厅，3 桌，免费饮料，小料自取。菜品客人很满意，非常喜欢，但还是要换餐厅。

20:15 陆续打车返回酒店休息。青海宾馆的大堂内有自助办理登机手续的机器，只需要身份证或护照即可，旁边还有酒店的工作人员帮忙。但是只能办理起飞前 12 小时以内的航班，所以还是建议客人早些出发，在机场办理最为保险。

9 月 22 日　西宁—北京

6:00 叫早。

7:00 早餐，时间紧迫，建议客人提前把行李带到大堂，这样吃完早餐可直接退房，不需要再回房去拿行李了。

7: 30 退房，查房非常慢，15~20 分钟。

7: 45 出发去机场，司机开得很快，约 30 分钟到达。

8: 15—8: 30 团队口办理登机手续，其中 2 人飞成都，无法团队办理，自行解决。16+1 登机手续办理很快。

8: 30—9: 00 安检，也很快，没那么严格，不需要脱鞋和解腰带。

9: 00—9: 40 候机大厅候机。

9: 40 开始登机，10: 20 起飞，约 40 分钟后，开始提供午餐和冷热饮，有鸡肉饭和牛肉饭，不好吃。

12: 35 落 T3，行李出得很快，13: 10 全部取完，16+1 集体去 1 层 11 号门的团队上车处候车（39 座）。

13: 40 出发去长富宫饭店，很堵车，约 50 分钟后到达。

14: 40 到达长富宫饭店 check in（入住），今日无餐无行程，全团自由活动。

9 月 23 日　北京　送机

未安排叫早，共 5 个航班离京，分两批次共 12 人去机场。

8: 30 第一批次 4 人，航班 CA887（12:00 起飞）和 CA981（13:00 起飞），在大厅集合，由别克 GL8 送达 T3 航站楼，领队一同前往，约 45 分钟后到达 T3 办理登机手续。

11: 00 第二批次 8 人，航班 CA987（15:00 起飞）、CA985（15:40 起飞）、CA1515（15:30 起飞），在大厅集合，由考斯特司机接客人去 T3，领队在 T3 航站楼的 8 号门等候客人，约 1 小时到达 T3 办理登机手续。

9 月 24 日　北京　送机

2 人自行离团，另 2 人要求单独送机。

6: 00 叫早。

7：30 在大厅集合，前往 T3 航站楼，送 CA1315（11：00 起飞）

注意事项：

1. 从接机开始就要让客人降低期待值了，但要注意措辞，可结合中国国情、当地经济、特殊环境等多方面因素，综合向客人灌输思想。当欲望值降低了，客人的惊喜相对也就多了。

2. 在嘉峪关—兰州的动车站，提前向客人说明，这里是刚建好的动车站，配套设施还不完善，没有“小红帽”服务，也没有直梯，只能自己扛着行李上台阶，不过台阶不高，大概 30 级，只是稍微有点坡度。不过平心而论，动车的开通确实要比之前的隔夜火车舒适多了，因为客人没有之前的体验，所以此次反响并不是很好，而且入住兰州的酒店时又已是深夜，第二天的行程还比较紧张，不能太晚出发，因此大家都很疲惫。个人建议，动车先经过西宁，如果公司能够拿到兰州—北京的机票，那么行程的顺序可以颠倒一下，先玩西宁，再玩兰州，这样既缩短了火车的车程，又提前到达了西宁站，不会很辛苦。

3. 全程用餐都要提前告知餐厅清淡口味，如果可以的话，最好让地接社出具菜单，或是让地陪准备好菜单给领队提前查验，因为客人会抱怨菜品的重复性，尤其是新疆段。

4. 到石窟、寺庙内不要随便照相，尤其是窟内，经常会有当地的安保人员监守。看到身着少数民族服饰的小孩，要听从地陪的“指挥”，否则会被强行收钱。

5. 不要随便给乞丐施舍，否则会遭到“围攻”。

6. 全程大部分公共洗手间都不干净，领队需提前告知客人要做好心理准备，因为 99% 的卫生间都是中式蹲坑，没有太多的西式坐便器。另外，行程中也有几次长途行驶，要提前和地陪沟通，寻找途中较好的卫生间。

7. 清真餐厅内，原则上是没有啤酒提供的，只含一杯软饮，尤其是在兰州和西宁，穆斯林餐厅没有任何酒精饮品，除非去包间，可偷偷地自带酒水。

8. 此团全程无购物店，这是公司的明智之举，希望可以将此制度延续下去。至于地接方面的基本利润，也是公司要考虑的问题，但不要以购物店来害人害己。

9. 丝路线地处中国大西北，因特殊的地理位置，气候干燥、天气炎热，再加上户外活动又比较多，故客人的需水量很大，建议公司增加每天为客人的免费供水量。另外，请告知地接司陪要提前备水，不要现场买，这样在客人眼中会显得很被动。

10. 9 月份的新疆天气很舒适，吐鲁番也不是很热，短袖 + 长袖外套足以应付。但是敦煌早晚温差较大，尤其是早餐时间，一定要穿厚衣服，别逞能！兰州的天气还好，和北京类似。西宁海拔相对较高，尤其是青海湖，有多少衣服穿多少衣服，否则自己受罪。以上是 9 月份的天气，越往后越冷，多多注意。

11. 此次乌鲁木齐的酒店更换为锦江国际酒店，非常好！房间各个角度都透露着奢华。相比之前的 ×× 酒店，虽位置比不过，但其他各方面均有所超越，可以保留。反映较差的是吐鲁番的 ××，可是我问过地陪了，当地确实没有再好的酒店能够提供，只能将就了。另外，全程所有的酒店有一个缺点就是退房很慢，查房特别拖沓。建议客人在用早餐前就把所有的行李收拾好，然后拿到楼下大堂的礼宾部寄存。如不需刷房卡（青海宾馆除外，需要刷房卡用早餐）用早餐的酒店，也可先退房，再用早餐，这样能节省时间。送机当天，切记提前出发，以备充足的时间在机场应对各种突发事件。

12. 此次行程中共 12 晚，最后 6 晚领队都与客人分开居住，最远的居住地离客人下榻的酒店步行需要十几分钟，非常不方便！而且，阴差阳错的是客人在其中的 4 个晚上都找我询问过事情，酒店里找不到我，就只能打到手机上，但要等到第二天见面后才能彻底解决。更糟糕的是最后两晚西宁的快捷酒店均没有早餐提供，非常不人性化！我们领队的要求并不高，有餐吃是基本条件吧，能和客人住在一起，也是为了第一时间应对突发事件而已。

第二篇：2019 年 5 月我带 14 位美籍华人去山东旅行的日志。

PCQ 0515 领队日志

2019.5.16—2019.5.26

5 月 16 日　北京　接机

CA986 计划抵达 17:55，提前抵达 17:39，共 4 人（与 PSR 0516 合并接机，由我统一带回）。

CA988 计划抵达 18:10，提前抵达 17:55，共 6 人（与 PSR 0516 合并接机，由我统一带回）。

CA986 计划抵达 18:20，延误抵达 18:21，共 4 人（原计划与 PSR 0516 合并接机，但客人执意要取出托运行李，且一直在抱怨为何将行李托运到目的地烟台之事不预先告知，情绪甚是激动）。

20:25 到达华彬费尔蒙酒店 check in（入住）。酒店位置比较尴尬，大巴车很难停靠，不过据公司的老客户讲，比之前的酒店要好，但缺点是酒店的 Wi-Fi 连接很复杂，需要当地的手机号去注册申请，否则无法上网。客人表示这样的操作系统难以理解。

21:00 全团入住完毕后，领队在前台预订第二天的早餐盒，出发前 20 分钟（5:40）送到 lobby（大厅），由领队统一派发。

60% 的客人下飞机就在抱怨航空公司在办理登机手续时未提示客人，他们的托运行李是直接挂到目的地烟台的，所以导致他们下飞机后在行李提取处徒劳等待了很久，请公司在出团说明书上明示。

5月17日　北京—烟台　蓬莱阁风景区

5:00 叫早。

5:45 大厅集合，退房，领队分发早餐。

6:00 出发，上行李。

6:00—6:45 去T3的路上，领队在车上用中英双语给客人开“出团说明会”，提醒客人旅途中的注意事项，做铺垫，打“预防针”。

6:45—7:30 到达T3。人很多，但好在所有客人均已事先拿到了登机牌。无托运行李的客人（4人）可直接过安检，领队则带领其他需要托运的客人（10+1）去散客窗口check in（值机），整个过程大概45分钟。

7:30—8:40 候机大厅自由活动。

8:40 开始登机，飞机未靠廊桥，需搭乘摆渡车。登机过程很快，约25分钟登机完毕，飞机未坐满。

9:05 登机完毕，关闭舱门。

9:30 飞机起飞，航程很短，约50分钟后到达烟台，其间会送一次矿泉水，没有小食提供。

10:20 飞机落地，全团在托运行李提取处集合，等候行李，其间可用洗手间。出航站楼后，和地陪Dennis Liu会面，彼此合作近3年了，很不错的地接。从到达大厅需要步行10分钟去大巴车的停车场，中间要换乘两次电梯，其余大多为平路或缓坡路，比较好走。

11:00 上车出发，约50分钟后到达蓬莱景区附近（强烈建议公司将行程调换！烟台的机场改在蓬莱已有三年了，因此下飞机后无法先游览烟台山或是张裕酒文化博物馆。为避免客人抵达首日的行程就被导游做调换而缺乏后期信任感的现象出现，请公司做调整）。

11:50—13:00 “利群集团”旗下的商场地下一层自由活动，有超市，有food court，价格合理，可吃午餐（强烈建议公司将山东线到达烟台后的午餐含入行程，因为前一天客人到达北京的时间基本都是晚上，吃不到什么东西，而当天的出发时间又比较早，也吃不到酒店的早餐，只能打包简单的餐盒。飞机上由于航程较短，也没有餐食提供。等到了目的地又该直接进行游览了，不得不挨到晚上才有团队餐享用。这样的安排有些欠妥，请公司考量）。

13：05 出发去蓬莱阁风景区，很近，约 10 分钟后到达。

13：15—15：00 游览蓬莱阁，这里主要是看黄海和渤海的交界处，听八仙的故事。领队带客人从停车场向景区入口处走，地陪去买票。边走边拍照，大概 10 分钟可到达检票口。其间有一位腿脚不好的客人自愿放弃了游览，在停车场边的座椅等候。因为景区里上上下下是要走一些路的，坐轮椅确实不太方便，而且一旦中途放弃，会很麻烦，所以有任何问题都要提前和领队或地陪沟通。

15：05 原路返回停车场后，乘车去酒店办理入住，约 80 分钟车程。

16：25 到达烟台金沙喜来登酒店，大堂在 2 层。酒店位置虽离市区较远，但离海边很近，出门就是大海，房间也基本都是海景房，是早起晨练、黄昏夜跑的不二之选。

17：00—18：00 房间休息调整。

18：00 餐厅集合，在 1 层，不是 lobby（2 层大堂）。由于人数比较尴尬，坐 1 桌太挤，坐 2 桌太少，而且餐厅也不给提供包间，只能在大厅。环境倒是没有问题，但酒店内的菜品都很贵，于是客人就开始反映吃得不太满意，不够饱。这就暴露了午餐没有做统一安排的严重性，从而也导致了客人对全程的用餐都怨声载道。我们做好了的，客人也觉得是在弥补，因客观原因做不好的，客人就觉得餐食确实是个大问题。因此，建议公司更改行程，要么统一安排午餐，要么当天晚上安排酒店的自助餐。

5 月 18 日　烟台　烟台山景区　张裕酒文化博物馆—威海　环翠楼公园

无叫早，早餐 6：30 开始（1 层），报房号，种类还不错。

8: 30 下行李。

9: 00 出发（实际 9: 05 出发），约 75 分钟后到达烟台山景区。

10: 20 到达烟台山景区的停车场，用洗手间，不是非常干净，但是能用

10: 25—11: 25 游览烟台山景区，需要登山，但是不高，有楼梯。之前腿脚不好的客人再次放弃了游览，在山脚的座椅上等候。这里主要是看灯塔（曾经放狼烟用的）和之前美国、英国、丹麦等国的使馆。

11: 25 乘车去餐厅用午餐，约 15 分钟后到达。

11: 40—13: 00 “锦绣江南”餐厅用午餐，3 层天目湖包间，有电梯，1 大桌，12 个菜，客人满意（其中有客人就餐前抱怨昨天的晚餐不够好，但这一顿吃下来，反馈还不错）。

13: 00 乘车去张裕酒文化博物馆，约 20 分钟后到达。

13: 20 到达停车场，地陪去买票，领队带客人拍照。这里需要简单讲解一下酒的历史，因为会有几分钟的空闲，光拍照不讲话会显得比较尴尬。

13: 25 开始参观。有博物馆的内部讲解员带着参观展厅和酒窖，约 1 小时，最后的环节是品酒，每人两杯，一杯红葡萄酒，一杯白葡萄酒。

14: 25 乘车去威海，约 1.5 小时后到达威海的环翠楼公园。

16:00 到达环翠楼公园的停车场，无洗手间，需要走一段楼梯，有家图书馆，洗手间可用，比较干净。

16: 00—17: 30 游览环翠湖公园，需要爬楼梯，大概两百多级。爬完后在环翠楼前穿鞋套，坐电梯上楼，主要是参观顶层的户外平台，可以俯瞰威海市区，远眺到刘公岛。其余各层会有一些临时展厅，如古玩字画等。全部参观完毕 1 小时足矣，但原始行程安排得太过松散，只能多放一些自由活动来“熬”时间。

17: 30 乘车去餐厅用晚餐，约 15 分钟到达。

17: 45—18: 40 “江南小镇”餐厅用晚餐，2 楼包间，无电梯，1 大桌，客

人满意。

18: 40 出发去酒店入住，约 20 分钟后到达。

19: 00 海悦建国酒店入住。酒店是当地最好的，但从全程来看是最“差”的，房间很小、很旧，周边设施也不健全，要打好“预防针”。

5 月 19 日　威海　刘公岛风景区—青岛　东海雕塑园　五四广场

6: 30 叫早，早餐 6:30 开始（2 层）报房号，种类不多，但菜品质量还可以，有不少韩餐。

8: 00 出发，多云，约 25 分钟后到达刘公岛码头，无停车场，路边下车，即上即下。地陪去买票，领队带客人向候船大厅走，沿路一直到头，在离定远舰 1:1 模型很近的位置等候地陪，这时可以让客人去拍一下定远舰的模型。

8: 30 进入码头的候船大厅检票，需排队过安检，尖锐物体、打火机等均不可携带。领队需要在检票处填写个人信息。今天游人不多，很快就上船了。

8: 50 开船，上船后随便坐。根据当天不同的天气状况和实际的客流量，船方会临时开放舱外景观位，但海风很大，浪也很大，要坐稳扶好，当心相机、手机等财物落水。当然，偶尔也会出现舱内满员而没有座位的情况，不过航程很短，仅仅 15 分钟，坚持一下就登岛了。

9: 05 登陆刘公岛，岛上的候船大厅有卫生间，集体用过卫生间后，先约定好团队的集合时间，地点就在候船大厅。之后，再跟随地陪去甲午中日战争博物馆，步行 5~10 分钟，也可坐摆渡车，但个人认为不实惠，五六百米就要 20 元钱。到了博物馆后还要再检票一次，馆内有自助讲解器，每人一个，定位讲解，出馆前统一交还地陪。

9: 30—10: 45 刘公岛风景区自由活动，人不算很多，时间较充裕，看了新馆和旧馆（个人感觉还是新馆好看，但是当年甲午中日战争的一些遗迹都在旧馆）。

10: 45 侯船大厅集合，等船返程。人不多，等候约 5 分钟，排队登船。

10: 55 发船，约 15 分钟后到岸。

11: 10 下船，步行 15 分钟后到达下车地点，只能人等车，即停即走。

11: 25 上车去餐厅，约 10 分钟后到达“一块豆腐”餐厅。

11: 35—12: 15 餐厅用午餐，2 层包间，两桌，环境相当一般，卫生间男女共用，不过菜品味道很不错，客人比较喜欢。

12: 20 上车，赶往青岛，开始全程中第一段长途行驶，车程约 4 小时，其间停靠一个服务区用洗手间。

14: 20 海阳服务区停靠，休息 10 分钟，用洗手间。

14: 30 继续赶路，直奔青岛东海雕塑园，约 80 分钟后到达。

15: 50 到达青岛东海雕塑园，路边临时停靠，即上即下，即停即走。下车后先用洗手间。

15: 50—16: 15 海边漫步，看一些简单的雕塑，拍拍海景。雕塑着实一般，但海景不错，特别是赶上平流雾的时候，景色很壮观。

16: 20 下车地点原地上车，去五四广场，约 20 分钟后到达停车场。

16: 40—17: 10 到达停车场后，需步行前往五四广场，其间可远观奥林匹克帆船中心。停车场内有洗手间。

17: 10 上车出发去酒店办理入住，约 20 分钟到达。

17: 30 青岛富力艾美酒店 check in（入住），简单地在房间里调整半个小时。

18: 00 在 lobby（大厅）集合，步行至餐厅用晚餐，就在酒店旁边，约 10 分钟的路程，很近。

18: 10—19: 15 “粥全粥到”餐厅用晚餐，1 层包间，一大桌，客人满意，饭后自行回酒店休息。

酒店不错，位置好，地处青岛市 CBD，紧邻万达广场，休闲娱乐的好地方，客人很满意。

5月20日 青岛 崂山风景区 青岛啤酒厂 小青岛 栈桥

7:00叫早，早餐6:30开始，自助餐（1层），报房号用餐，种类一般，环境不错。

8:30出发，约1小时后到达崂山停车场。车场很大，尤其是大车停车处，但下车后要走很远才能到达景区的检票大厅。

9:30—9:45步行去售票大厅，大厅里有洗手间，很干净。

9:55排队检票，一人一票，需录入指纹，所以彼此的门票不可互换。检票后，统一搭乘内部的shuttle bus（摆渡车）进入景区，中间有若干站，我们是总站上、总站下，大概20分钟。如果要想看大海，去程就坐右手边。

10:15到站下车，步行约15分钟后到达景区入口处。木头栈道，走楼梯。

10:30—11:15游览崂山太清宫，要登一段山，不是很累，可远观到老子像，但如果想看山上的瀑布就累了，根据客人的情况来决定，但必须是集体行动。轮椅老太太继续在门口休息，等候大部队。

11:20上摆渡车，返回售票大厅，约20分钟。

11:45到达大厅，穿行商店，but no shopping（但不要买东西）。之后步行到大车停车场上车，约10分钟。

11:55出发去餐厅，约30分钟后到达。

12:30—13:20“锅底捞”餐厅用午餐，一层包间，大桌，海鲜宴，两个蒸锅，非常不错，客人满意。卫生间不行。

13:25乘车去青岛啤酒厂，约25分钟后到达停车场。

13:50到达停车场，需步行5分钟去正门的入口处，约150米，轮椅老太太仍旧放弃了参观，在品酒区等候。

14:00—15:20参观青岛啤酒厂，分A、B两馆，大部分时间都是在室内活动，路较多，需要上下楼梯，但很好走。其间可以免费领取一袋花生豆（啤酒伴侣Beer Partner）、一杯青岛原浆啤酒、一杯青岛纯生啤酒（个人觉得还是原浆的好喝）。

15:10 到达最后的品酒区，酒后可在此使用洗手间，较干净。

15:25 出发去码头坐船游览小青岛，约 20 分钟到达。

15:45 上船。领队、地陪均不允许免费登船，只可送客人到船边。如遇大风，会停航。

15:55—16:25 船游小青岛，半小时的海上观光。天气好的话可以看到栈桥。船上风大浪大，需扶稳坐好。

16:25 下船，乘车去栈桥，约 15 分钟后到达栈桥附近的路边，即上即下，即停即走。

16:45—17:20 栈桥周边自由活动，其间需过马路，注意安全。集合时间一到，按原路返回到停靠地点等候大巴车。

17:25 上车去用晚餐，约 40 分钟后到达餐厅。

18:05 "万福臻海鲜城" 用晚餐，需要上台阶，挺高的，无电梯，客人抱怨吃个饭还要上上下下的，不适宜老年人。包间，一大桌，菜品满意。

18:40 上车返回酒店，约 20 分钟后到达。这家餐厅其实离酒店也不远，如果步行回去大概 15 分钟，看客人意愿。

18:50 到达酒店休息。

5月21日 青岛 湛山寺 小鱼山公园—泰安（免费走胶州湾跨海大桥）

无叫早，早餐 6:30 开始，（1 层）报房号用餐。

9:00 下行李，查房有点慢，约 10 分钟。

9:10 出发，约 20 分钟后到达湛山寺，无停车场，路边停靠，即上即下。

9:45—10:25 游览湛山寺景区。景区不大，对于客人来说没什么兴趣，其间有将近一半的客人都自行离开团队，到景区外等候了。

10:30 上车出发，去小鱼山公园，约 10 分钟后到达，无停车场，路边停靠，即上即下，即停即走。

10：40 下车，爬坡约 5 分钟后到达检票口，轮椅客人在公园外的咖啡厅等候。

10：45—11：15 游览小鱼山公园，爬到亭子顶端可以眺望青岛市区、栈桥、小青岛等，天公作美，美景尽收眼底。

11：20 原路返回到路边候车，乘车去用午餐。

11：25 出发，约 10 分钟后到达餐厅。

11：35—12：35 “汇丰苑”餐厅午餐，2 层包间，有电梯，一大桌，环境不错，卫生间也好，菜品 ok。

12：35 乘车去泰安，全程中第二段长途行驶，约 5.5 小时车程，途中停靠一个服务区用洗手间。

13：00 开上胶州湾跨海大桥。

14：40 沂水杨庄服务区用洗手间，休息 15 分钟。因为离海边越来越远了，所以温度也逐渐升高。

14：55 继续赶路。

18：00 到达泰安“高第街 56 号”餐厅用晚餐。

18：00—19：00 一层包间，一大桌，粤菜，客人认为菜品很好，就是抱怨菜量太小。

19：00 乘车去泰安富力万达嘉华酒店办入住。今年泰安换了新的酒店，虽然房间偶尔还是会有烟味，但相对于之前的 ×× 强很多了，客人很满意。而且酒店的位置也不错，旁边又是个万达广场，有夜市、有小吃，非常热闹。由于在此酒店会住三个晚上，公司可考虑将后两晚的晚餐舍去，让客人自行选择当地的特色餐食，这样节省下来的资金也好补充行程前期的餐标。

5月22日 泰安 岱庙 泰山风景区

无叫早，早餐6:30开始，（1层）报房号，种类挺多，环境也不错！

9:30出发去岱庙，约30分钟到达，无停车场，路边即上即下。

10:00—10:55参观岱庙，单线游览，有一些简单的楼梯需要上上下下，总体来说好走。不过个人认为是凑数景点，客人对此处的反映也比较鸡肋。

10:55到停车场，乘车去餐厅用午餐，约20分钟到达。

11:15—12:40餐厅用餐，2楼包间，有电梯，一大桌。

12:45乘车去泰山风景区，约15分钟到达。

13:00到达泰山后山的停车场，在购票大厅用洗手间。客人需要排队拍照做面部识别，实名认证！照相后再步行5分钟去乘景区的摆渡车，若团队较大则有可能会被分开，那就地陪先上，领队带后批跟上。

13:40到达索道站，包厢式缆车，6~8人一车，约15分钟后到达南天门。

13:55下索道，这里会有个卫生间，但不是每天都开放，如关闭，则需要步行10分钟去天街的卫生间如厕，不是很干净。

14:15—16:00自由活动，一路前行可登上玉皇顶，大概有1000级台阶，不过很好走，登顶后视野更为开阔，沿路有碧霞祠、泰山石刻、五岳独尊石碑等。切记在规定的时间内按原路返回到集合处。

16:15乘桃花源索道下山，约10分钟后到达摆渡车停车场，可以用洗手间。

16:35乘摆渡车返回后山停车场，约20分钟到达，之后步行5分钟上车。

17:00出发去餐厅用晚餐，约30分钟到达，有点堵车。

17:30“巨鼎酒店”用晚餐，4层包间，1大桌。

18:35乘车返回酒店，约15分钟到达。

18:50酒店休息。

5月23日　泰安—曲阜　孔庙　孔府　孔林

无叫早，早餐6:30开始，（1层）报房号。

9:00出发，约1小时车程，下高速后正面不远处就是孔子周游列国的塑像。孔庙的外侧道路不允许停车，会有交警盯守，即上即下。提前告知客人，带上所有需要的东西，因为再次回到车上就是参观完三孔景区了，要到下午。

10:00开始步行，约10分钟后到达正门。地陪去买票，客人可用洗手间（此景区共检票三次，实名制，彼此不能换票）。

10:35进入景区，此处有轮椅可租赁，价格还OK（可以），但客人不想租借。

11:00祭孔大典，约10分钟，效果一般。

11:40参观完毕，不按原路返回，所以中途如果想脱团或是休息，需告知地陪。

11:50出孔庙，需步行15分钟到午餐的餐厅，途经商业街，都是小商小贩，不建议购买商品。

12:05—13:05“曲阜大酒楼”用午餐，2楼包间，无电梯，特色餐孔府家宴，环境非常一般，卫生间也不干净，但是菜品客人很满意，比较新颖独特。

13:10步行去孔府、孔林。有不去的客人可在酒楼的1层大厅休息，不过环境一般，吸烟食客比较多。

13:20—14:15参观孔府。

14:15出孔府，步行5分钟到孔府景区的公交车站，需穿过商店，然后乘公交车去孔林景区，车程5分钟。

14:25到达孔林景区的公交车站，下车后还需步行15分钟才能到达景区的检票口，烈日炎炎。

15:00开始游览。建议自费电瓶车（￥20元/人），可少走很多路，也能看到更多的东西，但下车后还是需要走一段路的。

15: 30 游完孔林景区，原路返回曲阜大酒楼，乘车回泰安。

15: 55 曲阜大酒楼用洗手间后，开始返程，约 1.5 小时，恰赶高速修路，很堵车。

17: 40 到达“巨鼎酒店”（长城路店）用晚餐，3 层包间，有电梯，菜量够，但客人再次反映菜品的重复性。

18: 40 出发返回酒店，很近，5 分钟车程。

18: 45 到达酒店休息。

5 月 24 日　泰安—济南　灵岩寺旅游区　大明湖公园　趵突泉公园　泉城广场

7: 00 叫早，早餐 6: 30 开始，（1 层）报房号。

8: 00 下行李。

8: 20 大厅集合，退房、查房。

8: 30 出发去济南，途经灵岩山，约 1 小时后到达灵岩寺旅游区。

9: 30—10: 30 游览灵岩寺。车停在停车场，需要上台阶，但不多，进入景区内基本都是平路。

10: 30 发车去济南用午餐，约 75 分钟车程。

11: 45—12: 45 “陶然饺子馆”午餐，2 楼包间，无电梯，1 大桌，环境一般，比较嘈杂，但菜品很 OK（棒），算是特色餐。

12: 45 乘车去大明湖公园，约 15 分钟到达。

13: 00—14: 45 游览大明湖公园。县东巷下车，不原路返回，先跟地陪走，到公园后再自由活动，可自费乘船游湖，￥20 元 / 人，效果不错（这一下午就两三个景点，虽然名气都不小，但是实在没必要花费那么多的时间，纯属在熬时间，而且一直要熬到晚饭，客人也不爽，司陪也累）。

14: 45 大明湖公园南门对面的马路边等车，约 5 分钟，即停即走。

14: 50 开往下一站，趵突泉公园，约 10 分钟到达。

15: 00—16: 45 游览趵突泉公园和泉城广场，就隔一条马路，先跟地陪走，之后自由活动，不去的客人可在趵突泉公园的出口处等候，室内环境。最后上车的地点要由司机来决定，因为此处不能随便停车。

16: 50 上车去餐厅用晚餐，约 20 分钟到达。

17: 10—18: 30 “梁记粥铺”晚餐，2 层包间，无电梯，1 大桌，特色餐，鲁菜风味，有九转大肠、糖醋鲤鱼等，算是很不错的一顿大餐。

18: 30 乘车去酒店办理入住，约 30 分钟到达。酒店紧邻万达广场，热闹，但大车不好停靠。

19: 00 入住济南富力凯悦酒店。酒店很好，Free Wi-Fi（无线网免费），不过要用户名和密码，有点复杂（建议打电话到前台询问）。

5 月 25 日　济南—北京　高铁一等座

无叫早，早餐 6: 30 开始，（1 层）报房号，地方大，种类多。

10: 30 大厅集合，开始退房，之后分批次乘 van（6 座面包车）去济南西高铁站，因为大车开不上去。

10: 45 第一批次跟领队走，路途不算很远，交通也不堵，约 20 分钟到达送站口。

11: 05 领队提前联系好高铁站的“小红帽”服务，在送站口“1”等候，并陆续将车票发给客人，让客人把需要“小红帽”搬运的行李留在进站口，然后拿着自己的护照和车票，去过安检，按车票上的检票口到候车室候车。

12: 00 所有客人陆续进入车站，领队和“小红帽”清点行李，结付行李费。

12: 45 排队进站，火车票需留好，上车要查验，下车还要查验，之后由领队统一收回。

12: 54 经停站，迅速上车。女士先上，男士后上，流水线作业，以最快的速度把行李传到车厢里，放在车厢连接处的大件行李存放处。由于今年公司统一将座席更换成了一等座，人少，行李少，因此上车很方便，很好！2分钟搞定。中间有一站是德州，领队可过来查看行李，以防错拿、误拿。

13：05 火车发车。

14：45 到达北京南站后，“小红帽”会在站台处等候，和上车时一样，清点行李，之后确认大巴车停靠的地点。领队带客人坐滚梯到到达层，检票后从南出站口出站，走到头，坐右手侧滚梯上到地面。途中提前联系司机师傅，将大巴车开到南站公交车的停车场。客人先上车，“小红帽”则需要15~20分钟的等候时间。

15：50 到达华彬费尔蒙酒店入住，休息。

5月26日　北京　送机

无叫早，早餐6：30开始，在LL层，报房号。今天共有3个航班离京，14人分两批次去机场。

9：00 第一批次4人，在lobby（大厅）集合，航班CA981（13：00起飞），领队提前和客人介绍好航班信息及登机手续的办理柜台，之后由GL8商务舱将客人送至机场T3航站楼的12号门。领队则留在酒店继续等候。

11：15 第二批次10人，在lobby（大厅）集合，航班CA987（15：00起飞）和CA985（15：40起飞），由考斯特送达T3航站楼，领队一同前往，约50分钟到达机场，下大雨，有点堵车。

注意事项：

1.从接机开始就要让客人降低期待值了，但要注意措辞，需结合中国国情、当地经济、特殊环境等多方面因素，综合向客人灌输思想。当欲望值降低了，客人的惊喜相对也就多了。

2. 在济南西—北京南的高铁站，需要和客人提前说明，虽然有“小红帽”服务，但仍需要自己将行李搬上火车，“小红帽”的服务只是送到站台上。上车前，领队可建议客人自由组队，让女士们先上车，然后尽快往车厢中部走，腾出车门处的空间。之后，再由男士接力传递，流水作业，以最快的速度将全部行李“堆上”火车，等车厢门关闭后，再配合乘务员的指引将行李按规定码放到大件行李存放处。不过，今年公司将团队的座席全部更换为一等座，着实舒服了很多，最关键的是乘客少，这样即便是经停站，上下车的乘客也不会太多，能节约大量的时间！而且途中还有免费的小吃和饮料发放。火车到达北京南站前，领队要建议客人在列车上就用好洗手间，一是干净、人少，二是能够节约出站后的等候时间。另外，还要让客人做好心理准备，北京南站很大，而且没有大客车的停车场，“小红帽”在站台上把大件行李接手后，客人就要跟随领队，步行约 15 分钟到达车站外的空地，然后打电话叫大巴司机开过来，才能上车。团团如此，没有特殊！因“小红帽”要走其他通道，会很慢，大约 30 分钟才能到达上车处。

3. 全程用餐都要提前告知餐厅清淡口味，如果可以的话，最好让地接社出具菜单，或是让地陪准备好菜单给领队提前查验，因为有些客人会抱怨菜品的重复性。

4. 不要随便给乞丐施舍，否则会遭到“围攻”。

5. 全程大部分公共洗手间都是中式蹲便，有西式座便器的卫生间极少，需提前告知客人要做好心理准备。行程中有几次长途行驶，领队要提前和地陪沟通，寻找较好的卫生间或服务区来停靠。

6. 山东线地处中国东部沿海，因特殊的地理位置，半岛气候宜人，但早晚温差较大，内陆气候干燥，天气炎热，所以服装、防晒等方面要提前做好准备。

7. 此次泰安的酒店更换为富力万达嘉华，非常好！房间各个角度都透露着奢华，相对于之前的 ×××，有着千差万别，首先是酒店周边很热闹，晚上有夜市，其次，酒店很新，也没有客人再抱怨有烟味等问题了。

8. 此线路有个很大的问题就是行程太过松散，大把大把的时间无事可做。建议公司和地接社沟通，看如何能在不大影响成本的基础上去做些改良，否则到了后期就是一天一天地熬时间，客人也会审美疲劳！

9. 此次行程中，共 10 晚，除北京 2 晚没有和客人同住酒店以外，其余 8 晚都是同吃同住，这点非常好！方便客人有事情及时和领队沟通反映，把问题解决在萌芽状态！

后记

作为一名英文导游员出身的我，最后想写点工作中的感悟。在时代飞速发展的今天，旅游者随处可见，光北京市每年接待的旅游总人数就过亿，2019年更是达到了3.22亿人次的新高度，就更别说全球数据了。随着游客的增多，线路和项目也是越发地花哨起来，大量的旅游产品开始涌向市场。但是，当任何商品进入到批量化生产阶段的时候，后期质量就都会出现一些问题了，价格高的还能图个售后，那便宜的呢？此时，消费者们不免就会把矛头全部指向商品的提供方旅行社和项目的执行者导游的身上，加之近几年来媒体一直在报道旅游机构的“黑幕”：强制购物、强推自费，严重的还有言语恐吓甚至人身伤害，让旅游业的名声一落千丈，相关从业人员更是被人民群众嗤之以鼻。这些我都是深有体会的，也并不否认，但细想想，哪个行业没有因一颗老鼠屎坏了一锅粥的现象呢？罪魁祸首还不都是价格市场中的恶性竞争所导致的吗？难道我们就要一棒子打死所有人吗？旅行社不是福利机构，它是上上下下少则几十号，多则成百上千人的公司，是要盈利的。消费者们总是期待着丰满的体验，但能承受的却是骨感的价格，而不良商家们恰恰也是抓住了这部分消费者们贪图便宜的心理，最终害人害己。

当然，世界那么大，谁不想看看！可首先您要有足够的假期和一定的资金来支持您的旅行；其次，您如果就想自由行，那一定得把攻略提前做好，至少要知道目的地安不安全吧，到了住哪里、吃些什么、玩些什么？去国外的话还得看看语言能否过关？再次，如果途中真遇到点紧急事件，您是找谁来寻求帮助呢？医院？警察局？大使馆……旅行中诸如此类需要提前考虑的问题真是多得不能再多了，倘若您做不到或是没有信心把它做好，那最佳选择就是报一个口碑好、性价比高的团队游。

本书分享的所有内容，没有想给任何旅行社或是旅游机构做硬广，也没有想炫耀自己在工作中是有多么的认真负责，只想告诉身边每一个参过团的朋友，当你们游山玩水的时候，导游们是无心赏景的，而是在做下一步的安排；当你们疯狂进餐的时候，导游们是无暇享用的，又是在做下一步的安排；当你们午夜休眠的时候，导游们是无法入梦的，还是在做下一步的安排……那么，如果你还热爱着旅行，就请暂且先放下周身的束缚和心理负担，无论是跟团游还是自助行，尽早出发吧，在行走的路上遇见那个更加真实的自己！